COLLECTION
ROLF HEYNE

ALBERT BOULEY
Kochen mit Phantasie

Kompositionen am eigenen Herd

160 Rezepte für Feinschmecker

Fotografiert von Edith Gerlach

Viel Spaß

Albert Bouley

WILHELM HEYNE VERLAG

MÜNCHEN

Die in diesem Buch enthaltenen Rezepte sind alle, wenn nicht ausdrücklich
anders vermerkt, für 4 Personen geschrieben.

Copyright © 1989 by Wilhelm Heyne Verlag GmbH & Co. KG, München
Umschlaggestaltung: Adolf Bachmann, Reischach,
unter Verwendung eines Fotos von Fotostudio für Portraitfotos Hausser, Ravensburg
Grafische Gestaltung: Paul Fugmann
Textredaktion: Cornelia Adam
Gesamtredaktion: Ria Lottermoser
Satz: ABC Fotosatz, München
Repro: Oestreicher + Wagner, München
Druck und Bindung: Appl, Wemding
ISBN: 3-453-03607-7
Printed in Germany

Inhalt

Vorwort   6

Einführung   7

Vorspeisen   9

Suppen und Suppeneinlagen   45

Fisch   59

Fleisch und Wild   95

Innereien   113

Geflügel   133

Süßspeisen, Käsedesserts und Getränke   147

Gemüse   181

Gebäcke und Teige   195

Marmeladen und Chutneys   207

Fonds und Saucen   215

Die Feine Küche und ihre Produkte   227

Anhang   243

Vorwort

von Silvio Rizzi

Albert Bouley ist trotz seines französischen Namens ein Deutscher, ich möchte sogar sagen: ein typischer Süddeutscher, eine jener Grübler- und Pröblernaturen, wie sie die enge Kleinstadt immer wieder hervorgebracht hat, von Kepler über die idealistischen Philosophen Hegel und Schelling bis zum genialen Karl Benz. An Orten, wo alles auf Beschaulichkeit und Selbstzufriedenheit angelegt ist, brechen sie aus der Ordnung und schaffen Dinge, die die Welt verblüffen. Neuerdings auch im Bereich der Gastronomie.

Bouleys Küche läßt sich eigentlich mit keiner anderen vergleichen. Natürlich ist sie in einem gewissen Sinn zeitgemäß. Aber sie kupfert nirgendwo. Jedes Gericht ist sui generis, eine Komposition fremdartiger oder bekannter Geschmackselemente, oft gewagt, nie einfach und wohl immer das Ergebnis langwieriger gedanklicher und praktischer Experimente. Ob man dergleichen nachkochen kann oder soll, ich weiß es nicht. Jedenfalls enthält jedes Rezept Bouleys eine Fülle von Anregungen, die man – als Privatkoch oder als Berufsgastronom – auf seine Weise interpretieren muß.

Im »Waldhorn«, im Restaurant Bouleys, empfängt einen biederdeutsche Gemütlichkeit; doch der Schein trügt. Was da auf den sensibel geschmückten Tellern liegt, fordert den Gast heraus. Der darf nicht nur satt werden wollen, er muß mitdenken, mitanalysieren, mitschmecken. Für Feinschmecker ein Erlebnis von hohem Rang, für Unerfahrene wahrscheinlich etwas Befremdliches. Denn ohne Neugierde für kulinarisches Neuland wird man eine aus Wachteleiern gebackene Crêpe, gefüllt mit mariniertem Karpfen, auf einer Gurken-beurre-blanc und dünnen Bohnen kaum bemerkenswert finden. Einen Zander mit winzigen Rizzoli-Sardellen zu belegen, assistiert von rötlichen Spaghettini in Sambal Trassi, halte ich ebenfalls für ein Mixtum compositum, das sich nur an Fortgeschrittene wendet. »Denkanstöße für die Küche« möchte ich deshalb dieses Buch, das beste Bouleys, nennen – ein Buch, das den ganzen, den wirklichen Bouley enthält. Die Rezepturen, die vorgestellt werden, verstehe man, bitte, als Exerzitien, dazu da, die Sinne und den Verstand zu schärfen, und nicht dazu, sie einfach nachzukochen. »Aha, von Bouley!« würde bestimmt jeder Feinschmekker die Gerichte erkennen, wenn sie in einem anderen Restaurant als dem »Waldhorn« auf den Tisch kämen.

Der Resignation vieler Fachleute, die meinen, die Küche sei am Ende, besser als heute lasse sich wohl nicht mehr kochen, stellt sich hier der Enthusiasmus eines Vierzigjährigen entgegen, eines Alchimisten, der glaubt, eines Tages das Rezept für die Herstellung von Gold zu entdecken. Ob Bouley, der am liebsten mit seinen vier Küchen-Computern hantiert, die Entdeckung jener Götterspeisen, jener nicht mehr zu verbessernden Gerichte gelingen wird, lassen wir gerne offen. Wichtiger ist, daß er mit dieser Haltung einer nächsten Generation von Köchen und Kochkünstlern Auftrieb gibt und sie davor bewahrt, in leere Routine und stumpfsinnigen Kommerz abzusinken.

Einführung

Nicht ganz einfach für mich, nach den Büchern der drei besten Köche Deutschlands das vierte Buch in dieser Reihe der COLLECTION ROLF HEYNE zu schreiben. Eckart Witzigmann, Heinz Winkler und Dieter Müller haben Maßstäbe gesetzt, die ich natürlich in jeder Weise erfüllen möchte.

Als ich darüber nachdachte, was für ein Buch ich überhaupt schreiben will, reichten meine Ideen von einer gewöhnlichen Rezeptesammlung bis hin zu einem progressiven Kochbuch mit den fantastischsten Kreationen. Aber dann kam ich zu dem Entschluß, einfach meine eigene, alltägliche Küche zu beschreiben. Und dabei kam das heraus, was Sie in der Hand halten.

Mein Repertoire umfaßt die verschiedensten Kochstile: von der Neuen deutschen Küche über die italienische, die französische bis hin zu der asiatischen Küche. Es werden Produkte verwendet, die aus den unterschiedlichsten Ecken dieser Welt kommen. Und dies einfach deswegen, weil mich alles interessiert, was gut schmeckt und zum Kochen taugt. Und warum sollte man da vor der eigenen Haustüre haltmachen? Jeder Kochstil hat seine Eigenheiten, seine Vielfalt und seine Faszination. Man muß sich nur damit befassen und damit experimentieren.

Besonders viele Anregungen bekomme ich von der japanischen und chinesischen Küche. Diese Mannigfaltigkeit der Zutaten, Gewürze und Arbeitstechniken kann man kaum anderswo finden. Die verschiedenen Pasten, Cremes, Pülverchen und Saucen bieten so viele Variationsmöglichkeiten, daß man immer wieder neue Gerichte komponieren kann. Eben deshalb ist meine Küche nicht einfach eine Nachahmung der fernöstlichen Küche, sondern etwas ganz Eigenes.

Natürlich kommt auch die Neue deutsche Küche bei uns nicht zu kurz, ebenso wie die italienische und französische Küche. Durch Reisen nach Italien einerseits und speziell infolge meiner französischen Herkunft schätze ich diese beiden Landesküchen sogar besonders hoch. Man kann die dafür benötigten Produkte dieser Länder ja in ausreichender Menge und in bester Qualität auch bei uns beziehen. Nicht zu vergessen der Wein, der zu den Gerichten dieser Länder gehört und den es nirgendwo sonst in so guter Qualität gibt.

Oft wurde ich gefragt, ob meine Gäste die vielen, zunächst fremdartig erscheinenden Gerichte überhaupt wollen. Ich meine schon, denn sonst würden sie nicht immer wieder kommen, um etwas Neues zu probieren. Irgendwie bestätigt sich dadurch, daß der Gast doch aufgeschlossen ist für neue Kompositionen, auch wenn die Bezeichnungen zunächst einmal arg fremdartig klingen. Und von Ihnen, liebe Leser, erhoffe und wünsche ich mir das gleiche.

In einigen Rezepten taucht auch der Schnellkochtopf auf, über dessen Gebrauch ich bereits ein Buch geschrieben habe. Dieses Gerät wird bei mir in der Küche für die verschiedensten Gerichte verwendet. Ich habe nicht nur einen Schnellkochtopf in Gebrauch, sondern sieben Stück gleichzeitig in verschiedenen Größen. Wenn man einmal die Vorteile erkannt hat und mit dem Umgang vertraut ist, will man ihn nicht mehr missen. Mit ihm lassen sich nämlich Gerichte mit einem unnachahmlichen Geschmack herstellen: ganz einfach, indem man sie in einem raffiniert gewürzten Dampfbad gart. Und das in einer sehr verkürzten Zeit. Die Produkte werden so nicht ausgelaugt, Vitamine bleiben weitestgehend erhalten. Vor allem kommt man auch ganz ohne Fett aus.

Man kann mit diesem Topf zum Beispiel in nur zwanzig Minuten den besten Fond zubereiten, den man sich vorstellen kann. Das ewig lange Kochen entfällt, und die ganze Küche bleibt von lästigen Gerüchen verschont. Ein Fisch, über solch einem aromatischen Sud gedämpft, ist ein unvergleichliches kulinarisches Erlebnis.

Sicherlich ist der Einstieg in diese Zubereitungstechnik nicht für jeden ganz leicht. Und wenn es nur um die

Zeitersparnis geht, ist die Konkurrenz des Mikrowellengerätes natürlich sehr groß. Aber für spezielle Rezepte ist der Dampfdrucktopf eben unschlagbar. Auch das Mikrowellengerät hat seine Vorzüge. Aber diese beschränken sich auf Garmethoden, die das Fassungsvermögen des Garraumes nicht überschreiten. Der Dampfdrucktopf kann dagegen sehr viel variabler und universeller eingesetzt werden.

Viele Hände haben an diesem Buch mitgewirkt. Viele Ideen wurden aufgegriffen und wieder verworfen. Viele Rezepte wurden ausprobiert und umgeschrieben – bis endlich das herauskam, was Ihnen nun vorliegt. Darum möchte ich zum Schluß auch die Mitarbeiter erwähnen, die sich aktiv an der Realisation dieses Buches beteiligt haben:

Gesamtleitung und Organisation: Uli Stengel, Stuttgart

Entremetier: Dieter Maier, Esslingen

Rôtisseur: Hubertus Cramer, Ravensburg
Gardemanger: Cynthia Fowler, Ulm

Pâtisserie: Frank Gocht, New York
Auszubildende: Andreas Kloos, Langenargen, Stevan Paul, Ravensburg

Ein besonderer Dank gilt auch meiner Fotografin, Frau Edith Gerlach, die es in einfühlsamer Weise verstanden hat, meine Gerichte ins rechte Bild zu setzen. Ebenso meiner Redakteurin, Frau Cornelia Adam, die meine Rezepte druckreif formulierte. Und nicht zu vergessen mein Dank an Frau Ria Lottermoser, die das Buch vom Verlag aus betreute.

Vorspeisen

Galantine von der Bresse-Poularde und Räucherente

ZUTATEN
für 8 – 10 Personen

*1 Bresse-Poularde (oder Freiland-Poularde),
Salz, Pfeffer aus der Mühle,
1 cl weißer Portwein, 1 cl Cognac, 1 cl Madeira, 2 Stück Entenbrüste, ½ TL Pökelsalz, 1 Zweig Thymian,
1 Zweig Rosmarin, ½ TL zerdrückte Wacholderbeeren, 200 g Poulardenfleisch aus den Keulen, 180 g Sahne, 3 Steinpilze,
2 l Geflügelfond (Rezept siehe Seite 217), 1 Bund Bachkresse,
1 EL Champagneressig,
1 EL Weißwein, 2 EL Olivenöl, 4 EL Ebereschengelee
(Rezept siehe Seite 210)*

ZUBEREITUNG

Die Poularde mit einem scharfen Messer vorsichtig von sämtlichen Knochen befreien. Anschließend rundum salzen, pfeffern und mit einer Mischung aus Portwein, Cognac und Madeira übergießen und eine Stunde marinieren.

Die Entenbrüste auslösen und mit Pökelsalz, Thymian, Rosmarin und Wacholderbeeren rundum einreiben und 1 Stunde ziehen lassen. Danach mit Buchenmehl im Räucherofen bei 50 Grad 10 Minuten räuchern. Die Gewürze abspülen.

Das Poulardenfleisch kleinschneiden und mit der Sahne im Mixer pürieren, salzen und pfeffern.

Die Steinpilze waschen, putzen und in grobe Würfel schneiden.

Die ausgelöste Poularde mit der Hautseite nach unten auf eine Arbeitsfläche legen und mit der Farce bestreichen. Die geräucherten Entenbrüste darauflegen und mit den Steinpilzen bestreuen. Die Poularde zusammenrollen, in ein Küchentuch wickeln und die Enden mit Küchenzwirn zubinden. Den Geflügelfond auf ca. 75 Grad erhitzen, die Poulardenrolle hineinhängen und darin 40 – 45 Minuten pochieren. Anschließend 2 Stunden ruhen lassen, dann aus dem Tuch wickeln.

Die Bachkresse putzen und waschen. Aus Champagneressig, Weißwein, Olivenöl, Salz und Pfeffer eine Vinaigrette rühren, den Salat darin wenden.

Die Galantine aufschneiden und mit dem Salat und je einem Eßlöffel Ebereschengelee anrichten.

Gefüllte Lotte im eigenen Gelee mit kleinem Salat

ZUTATEN

*50 g Lachsfilet, 4 cl Sahne, 30 g Corail von
Jakobsmuscheln, Salz,
1 Msp gemahlener Salbei, 1 Msp gemahlener Koriander,
20 g Blattspinat, möglichst große Blätter,
500 g Lottefilet, Zitronensaft, ¼ l Weißwein, 3 dl geklärtes
Fischgelee (Rezept siehe Seite 216, Hummergelee),
60 g Blattsalate wie Treviso, Poupier, Roquette,
Nüßli, 1 EL Sherryessig,
1 EL Weißwein, 1 EL Olivenöl, Pfeffer aus
der Mühle*

ZUBEREITUNG

Das Lachsfilet mit der Sahne und dem Corail der Jakobsmuscheln im Mixer pürieren. Die Farce mit Salz, Salbei und Koriander würzen und kalt stellen.

Den Spinat waschen, von den Stengeln befreien und in Salzwasser kurz blanchieren, eiskalt abschrecken und die Blätter auf einem feuchten Küchentuch ausbreiten, so daß ein gleichmäßiges Rechteck entsteht.

Mit dem Stiel eines Holzlöffels ein Loch durch das Lottefilet bohren. Die Fischfarce in einen Spritzbeutel füllen und in das Lottefilet spritzen. Das Filet rundum mit Salz und Zitronensaft würzen, auf das Spinatbett legen und darin einschlagen. Anschließend in Klarsichtfolie wickeln, die Enden gut zusammendrehen und die Rolle mehrmals einstechen. Den Weißwein mit Salzwasser aufkochen, die Lotterolle hineinlegen und 5 – 6 Minuten pochieren. Ganz abkühlen lassen.

Eine Tunnelform mit Klarsichtfolie auslegen. Das Fischgelee erhitzen, ein Drittel davon in die Form füllen und im Kühlschrank fest werden lassen. Die Lotterolle aus der Klarsichtfolie wickeln und darauf legen. Mit dem restlichen Fischgelee auffüllen und am besten über Nacht im Kühlschrank durchkühlen lassen.

Den Salat putzen und waschen. Aus Sherryessig, Weißwein, Olivenöl, Salz und Pfeffer eine Vinaigrette rühren und den Salat darin wenden.

Die Lotte in Gelee aufschneiden, auf Teller verteilen und den Salat daneben anrichten.

Kleine Hummersülze »Zeppelin«

ZUTATEN

*1 Bund Dill, 1 Msp Safran,
1 TL Pernod,
Salz, 2 Stück Hummer (am besten aus der Bretagne),
½ l Hummerfond
(Rezept siehe Seite 216, Hummergelee), 1 großes
Mangoldblatt*

ZUBEREITUNG

Den Dill abbrausen und mit Safran, Pernod und 3 Liter Salzwasser aufkochen. Die Hummer darin 6 Minuten kochen. Herausheben, abschrecken und ausbrechen. Die Scheren sollten ganz bleiben. Die Schwänze der Länge nach halbieren und vorsichtig salzen.
Das Hummergelee aus Hummerfond zubereiten und eine Gelierprobe machen.
Den Mangold waschen, das Grün entfernen und anderweitig verwenden.

Von dem Mangoldstiel die Häutchen abziehen, anschließend in Julienne schneiden. Die Mangoldjulienne in Salzwasser 2 Minuten blanchieren, eiskalt abschrecken und abtropfen.
Die Julienne in vier tiefe Teller verteilen und die Hummerstücke (je eine Schere und ein halber Schwanz) darauf setzen.
Das Hummergelee würzig abschmecken, aufgießen und die Teller 3 Stunden kalt stellen.

Lachsgelee mit Sauce Grelette

ZUTATEN

*1 Bund glatte Petersilie, 1 Bund Estragon,
500 g Lachsfilet, Salz, Pfeffer
aus der Mühle, 3 Eier, 3 Limetten, 8 kleine Pimientos,
2 Blatt weiße Gelatine, 1 dl Fischgelee
(Rezept siehe Seite 216, Hummergelee), 1 große Fleischtomate, Saft von 1 Zitrone,
1 cl Armagnac, 4 EL Crème fraiche,
Estragonzweige zum Garnieren*

ZUBEREITUNG

Petersilie und Estragon abbrausen, von den Stengeln zupfen und fein hacken.

Das Lachsfilet reichlich mit Salz und Pfeffer einreiben und beidseitig mit einem Teil der gehackten Petersilie und dem gehackten Estragon bestreuen. In Klarsichtfolie einwickeln und im Kühlschrank für 1 Tag ziehen lassen. Auswickeln und kurz abspülen.

Die Eier in 10 Minuten hart kochen, abschrecken, pellen, das Eigelb auslösen und anderweitig verwenden. Das Eiweiß fein hacken.

Die Limetten schälen und filieren. Die Pimientos waschen, blanchieren, häuten, vom Kernhaus befreien und fein hacken.

Die Gelatine in kaltem Wasser einweichen, ausdrücken, auflösen und unter das Fischgelee mischen, abschmecken.

Den Lachs in eine rechteckige Terrinenform legen. Die restlichen gehackten Kräuter, Ei, Pimientos und Limonenfilets sehr eng einschichten und mit dem Fischgelee schichtweise auffüllen. Für 4 Stunden zum Festwerden kalt stellen.

Tomate überbrühen, häuten, entkernen und in kleine Würfel schneiden. Den Zitronensaft mit Armagnac und Crème fraiche mischen, mit Salz und Pfeffer würzen, die Tomatenwürfel unterheben.

Von der Sauce einen Spiegel auf die Teller gießen, das Lachsgelee in Scheiben schneiden und auf die Sauce legen. Mit einem Estragonzweig garnieren.

Böhnchensalat mit Steinbutt und Gänseleber in Champagner

ZUTATEN

*200 g Böhnchen, 200 g Steinbuttfilet
(oder auch Glattbutt),
200 g Gänsestopfleber, Salz, Pfeffer, Zitrone,
1 Schalotte, 1 TL Moutarde de
Meaux, 1 Bund Kerbel, 1 dl Champagner, 5 cl Noilly Prat,
1 dl Fischfond (siehe Rezept Seite 216),
100 g Butter, neutrales Öl, 8 cl Crème fraîche,
1 TL Champagneressig,
2 TL Olivenöl, 1 EL Sherryessig*

ZUBEREITUNG

Die Bohnen zupfen und bißfest in Salzwasser blanchieren. Die Champagner-Vinaigrette mit Moutarde de Meaux zubereiten. Gehackten Kerbel dazugeben.

Für die Sauce den Champagner und Noilly Prat mit der gehackten Schalotte fast gänzlich einkochen lassen. Den Fischfond aufgießen und um die Hälfte einkochen. Die Crème fraîche dazugeben und bis zur gewünschten Bindung einkochen. Würzen mit Salz und etwas Champagner. Die Sauce abpassieren und gut verrühren.

Steinbutt in vier Teile teilen und in Butter anschwenken, auf Alufolie setzen und im Ofen bei 220 Grad 3 Minuten garen. Salzen und warm stellen.

Die Gänseleber leicht anfrieren und in ganz wenig Öl braten, ablöschen mit etwas Sherryessig. Würzen mit Salz und Pfeffer.

Die Bohnen mit der Vinaigrette anmachen und anrichten. Leber und Steinbutt abwechselnd darumlegen. Den Steinbutt mit der Sauce nappieren.

Langustinen-Sülze auf Brokkoli-Creme mit kleinem Salat

ZUTATEN

*16 Langustinen, 2 EL Öl, 150 g Lachsforellenfilet,
40 g Sahne, Salz, Zitronensaft,
¼ l Langustengelee (siehe Rezept Seite 216, Hummergelee),
100 g Brokkoli, 2 EL Crème fraiche, je 50 g Frisée,
Pourpier, Trevise, Radicchio, 1 EL Sherryessig,
½ TL Moutarde de
Meaux, 1 EL Weißwein, 2 EL Olivenöl*

ZUBEREITUNG

Die Langustinen kalt abspülen und trockentupfen. Das Öl in einer breiten Pfanne erhitzen und die Langustinen rundum darin braten, bis sie eine rosarote Farbe haben. Herausnehmen, etwas abkühlen lassen und das Fleisch aus der Schale brechen. An der Oberseite leicht einritzen und den Darm herauslösen.

Vom Lachsforellenfilet 50 g mit der Sahne im Mixer fein pürieren, mit Salz und Zitronensaft abschmecken.

Das restliche Lachsforellenfilet von sämtlichen Gräten befreien und längs halbieren. Mit der Farce bestreichen, in Klarsichtfolie packen, rundum mehrmals einstechen und in siedendem Salzwasser 4 Minuten pochieren. Aus dem Wasser nehmen und auskühlen lassen.

Die Langustinen mit der Fischroulade in eine Tunnelform schichten, mit dem Langustengelee übergießen und mindestens 2 Stunden zum Festwerden in den Kühlschrank stellen.

Den Brokkoli waschen, zerteilen und mit wenig Salzwasser in 15 Minuten weich kochen (im Schnellkochtopf 6 Minuten auf Stufe II). Den Brokkoli pürieren, durch ein Sieb streichen, die Crème fraiche untermischen und mit Salz und Zitronensaft abschmecken.

Den Salat putzen, waschen und gut abtropfen lassen. Aus Sherryessig, Moutarde de Meaux, Weißwein, Olivenöl, Salz und Pfeffer eine Vinaigrette rühren und den Salat darin wenden.

Die Brokkoli-Creme als Spiegel auf Teller gießen. Die Sülze vorsichtig stürzen, aufschneiden und darauflegen. Den Salat danebensetzen.

Eingemachte Stopfgans mit ihrer Leber und kleinem Gemüsesalat

ZUTATEN
für ca. 15 Personen

*1 Stopfgans mit der Leber, 2 Knoblauchzehen,
3 EL Öl, Salz, schwarzer Pfeffer
aus der Mühle, 200 g Mirepoix aus Möhren, Sellerie, Lauch
und Zwiebeln, 1 Lorbeerblatt, ¼ l Rotwein,
2 cl Madeira, 2 cl Armagnac, 1 cl Portwein (Tawny), 3 Tomaten,
30 g Zucchini, 1 Stange Spargel,
30 g Böhnchen, 30 g frische Morcheln, 4 cl Honigessig,
8 cl Distelöl, 2 cl Weißwein*

ZUBEREITUNG

Die Gans von der Leber und von den Flügeln befreien. Die Flügel kleinhacken. Den Knoblauch schälen. Das Öl in einem Bräter erhitzen. Die Gans innen und außen salzen und pfeffern und rundum anbraten. Die zerhackten Flügel, den Knoblauch, die Mirepoix und das Lorbeerblatt zufügen und mit dem Rotwein aufgießen. Zugedeckt im auf 220 Grad vorgeheizten Backofen 2 Stunden braten.
Die Leber von Häutchen und Sehnen befreien, salzen, pfeffern und in Madeira, Armagnac und Portwein marinieren.
Die Gans von Haut und Knochen befreien und das Fleisch salzen und pfeffern. Das ausgelöste Fleisch und die Leber abwechselnd in eine Terrinenform schichten, zudecken, gut pressen und über Nacht kalt stellen.

Am nächsten Tag die Tomaten überbrühen, häuten, entkernen und das Fruchtfleisch kleinschneiden. Zucchini und Spargel schälen und kleinschneiden, die Böhnchen putzen und waschen, die Morcheln ebenfalls. Das Gemüse in kochendem Salzwasser bißfest garen, eiskalt abschrecken und sehr gut abtropfen lassen.
Aus Honigessig, Distelöl, Weißwein, Salz und Pfeffer eine Vinaigrette rühren und das Gemüse damit marinieren.
Die Terrine kurz in heißes Wasser halten, stürzen, in Scheiben schneiden und mit dem marinierten Gemüse anrichten.

Luftgetrocknete Entenbrust

ZUTATEN

*4 Entenbrüste, gehäutet (Barbarie),
100 g grobes Meersalz,
50 g Rosenpaprika, 50 g Edelsüßpaprika, 1 El frisch-
gemahlener schwarzer
Pfeffer, 1 EL gestoßenes Piment, 50 g Dijonsenf,
2 EL Balsamico*

ZUBEREITUNG

Die Entenbrüste rundum mit dem Salz einreiben und über Nacht ziehen lassen.
Die übrigen Gewürze mit Senf und Balsamico mischen.
Die Entenbrüste mit der Mischung einreiben.
Die Brüstchen durchstechen und eine Schnur durchziehen. Vier Wochen kühl und trocken aufhängen. Je einen Teller unterstellen, weil Saft austritt.
Vor dem Servieren die Brüstchen gründlich abbürsten und dünn aufschneiden.
Mit Kartoffelsalat (Rezept siehe Seite 190) servieren.

Crostini von Taubenleber

ZUTATEN

*300 g Taubenleber, 2 EL Öl,
1 kleine Zwiebel,
2 Knoblauchzehen, 1 Sardelle, 2 TL Kapern, 1 Schuß
Essig, 6 cl Weißwein,
Baguette in dünnen Scheiben*

ZUBEREITUNG

Die Taubenleber in heißem Öl rundum kurz anbraten. Herausnehmen.
Die Zwiebel schälen, fein hacken und im verbliebenen Öl weich dünsten.
Den Knoblauch schälen und durch die Presse zu der Zwiebel drücken.
Die Sardelle, die Kapern und die Leber zufügen. Mit Essig und Wein ablöschen. Köcheln, bis die Flüssigkeit fast verdampft ist.
Alles mittelfein pürieren und auf Baguettescheiben streichen.
Als amuse gueule oder Beilage zu Taube.

Mild geräucherte Flunder mit glacierten Miso-Äpfeln

ZUTATEN

600 g Flunderfilet (oder auch Seezunge), Salz, 2 säuerliche Äpfel (z.B. Boskop), Saft von 1 Zitrone, 1 TL Miso (z.B. Akita-Miso, gibt es im Asienladen), 1 Zimtstange, 2 EL Tahini (Asienladen), 1 Schalotte, ¼ l Weißwein, 4 cl Salvatorbier, 60 g Butter

ZUBEREITUNG

Das Flunderfilet vorbereiten, leicht salzen und im Räucherofen bei 50 Grad 6 Minuten räuchern.

Die Äpfel schälen, in Schnitze schneiden und vom Kernhaus befreien. Das Fruchtfleisch sofort mit etwas Zitronensaft beträufeln, damit es hell bleibt. Den restlichen Zitronensaft mit Miso, Zimtstange, 1 EL Tahini und ca. ⅜ l Wasser aufkochen, die Apfelschnitze darin bißfest garen und herausnehmen.

Die Schalotte schälen, fein hacken und mit Weißwein, Salvatorbier und dem restlichen Tahini um die Hälfte reduzieren. Mit Butter aufschlagen, mit Salz und Zitronensaft abschmecken.

Die Apfelschnitze auf Tellern verteilen, das geräucherte Flunderfilet daraufsetzen und mit der Sauce nappieren.

Jakobsmuscheln in Dashi mit Kiwi und Tomate

ZUTATEN

*4 Jakobsmuscheln, ausgelöst, 1 Kiwi,
1 Tomate, 1 TL Dashi,
1 dl Geflügelfond (Rezept siehe Seite 217), 1 EL Sherry (fino), 1 EL weiße
Sojasauce, Saft von
½ Zitrone, Salz, 1 Handvoll Kerbel*

ZUBEREITUNG

Die Jakobsmuscheln in dünne Scheiben schneiden.
Die Kiwi schälen und ebenfalls in dünne Scheiben schneiden.
Die Tomate überbrühen, häuten, entkernen und klein würfeln.
Das Dashi mit Geflügelfond, Sherry, Sojasauce, Zitronensaft und Salz gut verrühren.

Den Kerbel abbrausen und von den Stengeln befreien.
Die Scheiben der Jakobsmuscheln mit den Kiwischeiben und dem Tomatenconcasseé in vier Schalen anrichten.
Die Sauce darüberträufeln und mit den Kerbelblättchen bestreuen.

Frühlingssalat mit Bodensee-Saibling

ZUTATEN

*400 g Vongole (Venusmuscheln), 1 Zwiebel,
1 Lorbeerblatt, 1 Nelke,
6 cl Weißwein, Salz, 1 große Fleischtomate, 100 g gemischter
Blattsalat, (z.B. Trevise, Roquette,
Bachkresse oder andere Sorten), 2 EL Butter,
4 Saiblinge (vom Fisch-
händler filieren lassen),
1 TL Zitronensaft, Salz*

*Vinaigrette:
1 Schalotte, 2 cl Sauternes,
1 cl Noilly Prat,
1 cl Muscadet, 2 TL Sherryessig,
1 TL Zitronensaft, Pfeffer
aus der Mühle, 4 cl Sahne*

ZUBEREITUNG

Die Vongole kalt abbrausen. Schon geöffnete Muscheln aussortieren, sie sind nicht genießbar.
Die Zwiebel schälen, mit Lorbeerblatt und Nelke spikken. Mit Weißwein aufkochen. Die Vongole zufügen und 2 Minuten kochen. Die Muscheln abkühlen lassen und aus der Schale lösen.
Die Fleischtomate überbrühen, häuten, entkernen und klein würfeln. Den Salat putzen und waschen.
Ein Blech mit Alufolie auslegen und mit Butter bestreichen. Die Fischfilets rundum salzen, mit Zitronensaft beträufeln, auf die Folie legen und im auf 180 Grad vorgeheizten Backofen 2 Minuten garen.
Die Schalotte schälen und fein hacken. Aus Sauternes, Noilly Prat, Muscadet, Sherryessig, Zitronensaft, Salz und Pfeffer eine Vinaigrette rühren. Die Sahne leicht unterschlagen. Die Schalotte, die Vongole und die Tomatenwürfel zufügen.
Den Salat mit dem Saiblingsfilet anrichten. Mit der Vinaigrette nappieren.

Hirschfilet aus der Buttermilchbeize mit Salade Mesclin

ZUTATEN

*Beize: ¼ l Buttermilch, 3 Wacholderbeeren,
6 Pfefferkörner, 1 Zweig Thymian,
1 Zweig Rosmarin, ½ Nelke, ¼ Lorbeerblatt, je 1 EL gehackte
Petersilie, Kerbel, Schnittlauchröllchen,
250 g Hirschfilet, je 50 g Blattsalat (Trevise, Feldsalat, Frisée),
50 g Champignons, Zitronensaft, 2 EL Olivenöl,
1 EL Balsamico, Salz, Pfeffer aus der Mühle*

ZUBEREITUNG

Die Buttermilch in eine Schale gießen, Kräuter und Gewürze zufügen und das Hirschfilet einlegen. Drei Tage zugedeckt im Kühlschrank ziehen lassen.

Das Hirschfilet aus der Beize nehmen und 1 Stunde in das Gefrierfach legen.

Inzwischen die Blattsalate putzen und waschen.

Die Champignons putzen, abreiben und in Streifen schneiden. Mit Zitronensaft beträufeln.

Aus 4 EL Buttermilchbeize, Olivenöl, Balsamico, Salz und Pfeffer eine Vinaigrette rühren und den Blattsalat darin wenden.

Das angefrorene Fleisch auf der Maschine in sehr dünne Scheiben schneiden und auf 4 Teller legen.

Den Salat als Bouquet in die Mitte setzen.

Gemüserolle mit Mu-Err-Pilzen im Shiso-Blatt

ZUTATEN

20 g getrocknete Mu-Err-Pilze, 1 Lauchstange von ca. 70 g, 1 Stück Sellerie von ca. 70 g, 1 Möhre von ca. 70 g, ½ Flasche Weizenbier, 4 Stück Reispapier, 1 EL Pflaumenmarmelade, 4 Stück Kopfsalatblätter, Salz, Pfeffer aus der Mühle, Zitronensaft, 2 EL Olivenmus (Fertigprodukt), 1 TL Weißweinessig, 1 TL Sherry, 8 Shiso-Blätter

ZUBEREITUNG

Die Mu-Err-Pilze mit heißem Wasser übergießen und 30 Minuten quellen lassen.

Lauch, Sellerie und Möhre putzen, waschen und in Julienne schneiden.

Das Weizenbier in eine flache Schale gießen und das Reispapier nacheinander darin knapp 1 Minute einweichen. Auf ein trockenes Tuch legen und abtupfen. Die Reisblätter mit Pflaumenmarmelade bestreichen. Die Salatblätter abbrausen, trockentupfen und darauflegen. Die Mu-Err-Pilze und die Gemüsejulienne darauf verteilen, leicht salzen und pfeffern und mit Zitronensaft beträufeln. Zur Rolle formen und die Enden dabei einschlagen.

Das Olivenmus mit dem Weißweinessig und dem Sherry mischen, salzen, pfeffern, die Rollen damit rundum einstreichen. Mit je 2 Shiso-Blättern umhüllen. Die Rollen schräg durchschneiden und auf Teller setzen.

Stockfisch mit Salatgurke in Senf-Vinaigrette

ZUTATEN

*80 g Stockfisch, gewässert, 1 Salatgurke,
1 EL Dillessig,
½ TL scharfer Senf (Dijon), Salz, Pfeffer aus der
Mühle, 2 EL Olivenöl,
1 Bund Schnittlauch*

ZUBEREITUNG

Den Stockfisch in sehr dünne Scheiben schneiden. Die Salatgurke waschen und mit der Schale in sehr dünne Scheiben schneiden. Fisch und Gurke abwechselnd zu einem kleinen Timbal (Türmchen) aufeinanderschichten. Auf Teller setzen.
Den Dillessig mit Senf, Salz und Pfeffer verrühren, bis sich das Salz aufgelöst hat. Das Olivenöl kräftig unterschlagen, bis die Sauce cremig ist.
Den Schnittlauch abbrausen, kleinschneiden und einstreuen.
Die Vinaigrette über die Stockfischtürmchen geben.

Anmerkung: Wenn der Stockfisch noch zu salzig ist, muß er nachgewässert werden. Ist er zu mild, muß man ihn leicht mit Salz und Zitrone nachwürzen. ▷

Lachs und Zander mit Wakame-Füllung im Austernnage

ZUTATEN

*1 TL getrocknete Wakame-Algen, Salz, je 100 g Zander- und Lachsfilet,
2 EL Austernsauce, 2 EL trockener Sherry, 2 EL Geflügelfond
(Rezept siehe Seite 217),
einige Blättchen frischer Koriander,
ersatzweise glatte Petersilie*

ZUBEREITUNG

Die Wakame-Algen mit heißem Wasser, dem etwas Salz zugefügt wurde, überbrühen und 5 Minuten quellen lassen.
Die Fischfilets schräg in sehr dünne Scheiben schneiden. Die Fischscheiben abwechselnd mit den etwas ausgedrückten Algen aufeinanderschichten.
Austernsauce, Sherry und Geflügelfond mischen und darüberträufeln.
Mit Korianderblättchen garnieren.

Terrine von weißem Camargue-Spargel mit Langustinen

ZUTATEN

*12 Stück Langustinen, 5 EL Butter,
600 g Camargue-Spargel, Salz
Zitronensaft, 1 Prise Zucker, 2 Blatt Gelatine,
125 g Joghurt, 50 g verschiedene
geputzte Blattsalate (Frisée, Bachkresse, Radicchio o.a.), 1 EL Sherryessig,
2 EL Olivenöl, 1 EL Weißwein,
1 TL Senf, Salz, Pfeffer aus der Mühle,
1 TL geschnittener Schnittlauch,
4 EL Crème fraîche, Salz, Zitronensaft*

ZUBEREITUNG

Die Langustinen in 4 EL schäumender Butter braten. Die Schwänze auslösen und die Därme herausziehen. Den Spargel schälen und in Salzwasser mit Zitronensaft, 1 EL Butter und Zucker 8 Minuten kochen. Abschrecken und auf einem nassen Tuch bereitstellen.
Die Gelatine 10 Minuten einweichen. Den Joghurt erwärmen und die ausgedrückte Gelatine darin auflösen. Mit Salz und Zitronensaft würzen.
Eine Terrinenform mit Klarsichtfolie auskleiden und die Spargeln mit den Langustinen und dem Joghurt sehr eng einschichten. Die Terrine mit einem Brettchen leicht beschweren und über Nacht im Kühlschrank ziehen lassen.
Die Salate vorbereiten. Die Vinaigrette aus Sherryessig, Olivenöl, Weißwein, Senf, Salz und Pfeffer zubereiten. Den Schnittlauch mit der Crème fraîche mischen und mit Salz und Zitronensaft abschmecken.
Die Terrine stürzen und vorsichtig in Scheiben schneiden. Die Salatbouquets mit der Vinaigrette knapp anmachen und zur Terrine setzen. Mit der Schnittlauch-Creme begießen.

Tellersülze mit Gänsestopfleber im Sauternesgelee

ZUTATEN

*200 g Gänsestopfleber, Salz, Pfeffer aus
der Mühle, 1 cl Armagnac,
1 cl Madeira, 1 Kohlrabi, 1 mittelgroße Möhre, 1 kleiner
Zucchino, 12 Stangen wilder
Spargel, 100 g Brokkoli, Salz, 2 Blatt Gelatine, 3 dl Entenfond
(Rezept siehe Seite 223),
2 cl Sauternes, 1 Bund frischer Majoran*

ZUBEREITUNG

Die Gänseleber vorsichtig öffnen und die Sehnen und Häute entfernen. Mit Salz und Pfeffer würzen, mit Armagnac und Madeira marinieren. Die Gänseleber zu einer Rolle formen und in einer Klarsichtfolie gut zudrehen. Sehr kalt stellen.

Den Kohlrabi und die Möhre schälen und mit dem Kugelausstecher kleine Kugeln formen. Den Zucchino waschen, vom Stengelansatz befreien und ebenfalls Kugeln ausstechen. Den Spargel waschen und in kleine Stücke schneiden. Den Brokkoli waschen und in Röschen teilen. Das Gemüse in kochendem Salzwasser blanchieren, eiskalt abschrecken und abtropfen.

Die Gelatine 10 Minuten einweichen. Den Entenfond erhitzen und mit Sauternes abschmecken. Die Gelatine ausdrücken und darin auflösen.

Die Gänseleber aus der Folie nehmen, vorsichtig in Scheiben schneiden und in gekühlte tiefe Teller verteilen. Die Gemüse daraufgeben und das Gelee darübergießen. 2 Stunden kalt stellen. Mit Majoranblättchen garnieren.

Anmerkung: Diese Sülze ist für den sofortigen Verzehr bestimmt und kann nicht länger als 1 – 2 Tage aufbewahrt werden.

Gemüsestrudel

ZUTATEN

*100 g Strudelteig (Rezept siehe Seite 202),
50 g Möhren, 50 g Lauch,
50 g Spargel, 50 g Sellerie, 50 g Schwarzwurzeln,
Salz, etwas Mehl, Zitronen-
saft, 50 g Peccorino,
1 Eigelb*

ZUBEREITUNG

Den Strudelteig nach Rezept auf Seite 202 herstellen. Das Gemüse putzen, waschen und in Scheiben bzw. Ringe schneiden. In kochendem Salzwasser in 2 – 3 Minuten bißfest garen, eiskalt abschrecken und gut abtropfen lassen.
Den Strudelteig auf einem bemehlten Tuch hauchdünn ausrollen. Das Gemüse darauf verteilen, leicht salzen und mit Zitronensaft beträufeln.

Den Peccorino in feine Scheiben schneiden und auf dem Gemüse verteilen. Den Teig zusammenrollen und die Nahtstellen mit verquirltem Eigelb bestreichen. Den Strudel auf ein mit Backpapier ausgelegtes Backblech setzen und mit Wasser bestreichen. Im auf 180 Grad vorgeheizten Backofen 8 – 10 Minuten backen.
Den Strudel zum Servieren in Scheiben schneiden.

Vegetarische Gemüseterrine mit Krebsen in Vergelesses

ZUTATEN

*100 g grüner Spargel, 100 g weißer Spargel,
50 g Möhren, 50 g Sellerie,
50 g Brokkoli, 50 g Blumenkohl, 100 g Lauch, Salz, Saft
von 1 Zitrone, 1 Bund Basilikum,
100 g Pinienkerne, 1 Knoblauchzehe, 3 cl Olivenöl, 1 Bund Dill, 100 g Mirepoix
aus Möhre, Lauch und Sellerie, 1 Zwiebel, gespickt mit 1 Nelke
und 1 Lorbeerblatt, Salz, 24 Krebse,
80 g eiskalte Butter, 1 dl Muscadet, 5 cl Pernand
Vergelesses, 2 cl Noilly Prat,
½ gehackte Schalotte, 1 Bund Portulak*

ZUBEREITUNG

Den Spargel schälen und die Enden abschneiden. Die Möhren und den Sellerie schälen, den Brokkoli und den Blumenkohl in Röschen teilen und waschen. Den Lauch putzen, längs aufschlitzen und gut ausspülen. Das Gemüse in kochendem Salzwasser bißfest garen, auf eine Platte legen und mit Zitronensaft beträufeln. Den Lauch längs halbieren, damit Bänder entstehen.
Eine Terrinenform mit Klarsichtfolie auslegen und dicht mit den Lauchbändern auskleiden.
Das Basilikum abbrausen, von den Stengeln zupfen und den Knoblauch schälen. Beides mit 100 g Pinienkernen und 3 cl Olivenöl im Mixer zu einer Paste verarbeiten. Die Gemüse damit bestreichen und sehr dicht in die Form schichten. Mit Lauchbändern bedecken und, gut gepreßt, über Nacht durchkühlen lassen.

Den Dill abbrausen und mit der Mirepoix und der gespickten Zwiebel in 3 Liter Salzwasser aufkochen. Die Krebse darin 2 Minuten kochen, herausnehmen und die Schwänze auslösen.
Die Schalotte schälen, fein hacken und mit Muscadet, Pernand Vergelesses und Noilly Prat aufsetzen. Flüssigkeit auf die Hälfte reduzieren. Die eiskalte Butter unterschlagen und die Sauce gut durchmixen. Die Krebsschwänze darin erwärmen.
Die Terrine aufschneiden, auf Tellern anrichten und mit der Sauce umgießen. Die Krebsschwänze danebenlegen und mit Portulak garnieren.

Terrine von blonder Entenleber mit Cransberries

ZUTATEN

*400 g frische Entenlebern,
50 g Butter, Salz,
Pfeffer aus der Mühle, 2 cl Armagnac,
50 g Entenfleisch (Brust, Keule),
4 cl Sahne, 500 g fetter Speck in dünnen Scheiben,
80 g Cransberries, 80 g Zucker,
1 TL abgeriebene Schale einer ungespritzten Zitrone,
5 cl Rotwein, 1 Msp Piment, gemahlen*

ZUBEREITUNG

Die Entenlebern putzen und dabei von den kleinen Äderchen befreien. In aufschäumender Butter rundum kurz rosa braten. Herausnehmen, mit Küchenkrepp abtupfen, auf eine Platte legen, salzen und pfeffern und mit Armagnac beträufeln.

Das Entenfleisch durch die feinste Scheibe des Fleischwolfs drehen oder im elektrischen Zerhacker fein zerkleinern. Die Farce mit der Sahne mixen und durch ein feines Sieb streichen. Mit Salz und Pfeffer würzen.

Eine Terrinenform (Inhalt 500 g) mit dem Speck auskleiden. Die Entenlebern dicht einschichten und jede Schicht mit der Entenfarce bestreichen. Die Speckscheiben darüberklappen und die Terrine 2 Stunden kalt stellen. Anschließend im heißen Wasserbad (74 Grad) 14 – 15 Minuten pochieren. Danach einige Stunden sehr gut auskühlen lassen.

Inzwischen die Cransberries mit Zucker, Zitronenschale, Rotwein und Piment in die Küchenmaschine geben. Solange rühren, bis der Zucker von den Cransberries ganz aufgesaugt ist.

Die Terrine in Scheiben schneiden und mit den Cransberries anrichten.

Gebeizte Jakobsmuscheln mit Mairitterlingen und Zwiebellauch

ZUTATEN

*12 Jakobsmuscheln, ausgelöst (ohne Corail),
1 Schalotte, 2 Bund Estragon,
Saft von 1 Limette, 3 EL Champagneressig, Salz, Pfeffer,
5 EL Olivenöl, 300 g Mairitterlinge,
2 EL Butter, Saft von 1 Zitrone, 1 Bund Frühlingszwiebeln*

ZUBEREITUNG

Die Jakobsmuscheln in dünne Scheiben schneiden und nebeneinander auf eine Platte legen.

Die Schalotte schälen und fein hacken. Den Estragon abbrausen, trockenschütteln und die Blättchen von zwei Zweigen mit der Schalotte über die Jakobsmuscheln streuen.

Aus Limetten, Champagneressig, Salz, Pfeffer und Olivenöl eine Sauce rühren und darübergießen. Eine Stunde ziehen lassen, aber nicht im Kühlschrank.

Die Mairitterlinge putzen, in Scheiben schneiden und in heißer Butter 5 Minuten dünsten. Salzen, pfeffern und mit Zitronensaft beträufeln.

Die Frühlingszwiebeln putzen, waschen und in Salzwasser 1 Minute blanchieren.

Die Frühlingszwiebeln als Kranz auf 4 Teller legen. Die Pilze in die Mitte geben und die Jakobsmuscheln darauf verteilen.

Suppen und Suppeneinlagen

Klare Kartoffel-Consommé mit De-Puy-Linsen und Carpaccio

ZUTATEN

*1 l Rinderbrühe, 400 g festkochende Kartoffeln
(Sieglinde), 1 Knoblauchzehe,
2 Sardellenfilets, ½ TL abgeriebene Schale einer unbehandelten
Zitrone, 1 Msp Majoran, 5 Kapern,
Salz, Pfeffer aus der Mühle, 100 g Rinderfilet (Mittelstück), 100 g Rinderhesse,
100 g Mirepoix aus Möhre, Lauch,
Sellerie, 2 Eiweiß, 4 EL De-Puy-Linsen (aus dem Reform-
haus), einige Kerbelblättchen als Garnitur*

ZUBEREITUNG

Die Rinderbrühe in einen Topf geben. Die Kartoffeln schälen, halbieren und dazugeben.

Den Knoblauch schälen und Sardellenfilets, Zitronenschale, Majoran und Kapern zufügen, salzen und pfeffern. Zugedeckt bei mittlerer Hitze 50 Minuten kochen (im Schnellkochtopf 16 Minuten auf Stufe II). Die Suppe durch ein Sieb gießen und auskühlen lassen.

Das Rinderfilet rundum salzen, pfeffern, in Klarsichtfolie packen und ins Gefrierfach legen.

Die Rinderhesse fein hacken oder durch den Fleischwolf drehen. Mit der Mirepoix und dem Eiweiß mischen, in die Suppe geben und diese ganz langsam aufkochen lassen. Anschließend 15 Minuten ziehen lassen, abschöpfen und durch ein Tuch passieren. Wieder erhitzen und abschmecken.

Die De-Puy-Linsen in Wasser 20–30 Minuten weich kochen.

Die Linsen auf vier Suppenteller verteilen, mit der Kartoffel-Consommé aufgießen. Das gefrorene Rindfleisch auf der Schneidemaschine in sehr feine Scheiben schneiden und in den Tellern verteilen. Den Kerbel abbrausen und als Garnitur dazulegen.

Leichte Weinschaumsuppe mit Traminer Auslese und Lottefilet

ZUTATEN

*2 EL Butter, 200 g weiße Mirepoix aus Lauch,
Sellerie und Zwiebel, 1 dl Noilly Prat,
2 dl Weißwein, 1 mit Lorbeerblatt und Nelke gespickte
Zwiebel, ½ l Geflügelfond (Rezept siehe
Seite 217), 350 g Sahne, je ein kleines Stück Möhre, Lauch und Sellerie
für Gemüsejulienne, ca. 50 g, Salz,
200 g Lottefilet, 3 Eigelb, 4 cl Traminer Auslese, weißer
Pfeffer aus der Mühle, Kerbel zum Garnieren*

ZUBEREITUNG

Die Butter in einem Topf erhitzen und die Mirepoix kurz darin andünsten. Mit Noilly Prat und Weißwein ablöschen und kurz durchkochen lassen. Die gespickte Zwiebel zufügen und mit Geflügelfond aufgießen. 40 Minuten zugedeckt köcheln lassen (im Schnellkochtopf 12 Minuten auf Stufe II). Die Suppe anschließend pürieren, 300 g Sahne zugießen und auf 6 dl einkochen lassen. Lauch, Möhre und Sellerie in Julienne schneiden und in kochendem Salzwasser blanchieren, eiskalt abschrecken und gut abtropfen lassen.

Das Lottefilet in eine Sauteuse geben und knapp mit Salzwasser bedeckt in 3 Minuten rosa garen. In feine Scheiben schneiden.
Die restliche Sahne schlagen und mit dem Eigelb unter die Suppe rühren, nicht mehr kochen lassen. Die Suppe mit der Traminer Auslese sowie Salz und weißem Pfeffer abschmecken.
Die Lottescheiben in vier Suppenteller verteilen, mit den Gemüsejulienne bestreuen und dem Kerbel garnieren. Die Suppe getrennt dazu reichen.

Blaukrauttee mit Safranravioli

ZUTATEN

*100 g Nudelteig (Rezept siehe Seite 203, Ravioliteig),
1 Msp Safran, gemahlen,
1 kleiner Kopf Blaukraut, 8 dl Geflügelfond (Rezept siehe Seite 217),
400 g Mirepoix von Lauch und Sellerie, 200 g Putenbrust,
3 Eiweiß, 1 gespickte Zwiebel,
20 g Spinat, 20 g Ricotta,
1 Bund Basilikum, 1 kleine Knoblauchzehe,
Salz, Pfeffer
aus der Mühle, Kerbel zum Garnieren*

ZUBEREITUNG

Den Nudelteig herstellen und mit dem Safran einfärben.

Das Blaukraut vierteln, vom Strunk befreien, in sehr feine Streifen schneiden und waschen. Die Blaukrautstreifen mit 300 g Mirepoix im Geflügelfond aufkochen und 1 Stunde köcheln lassen (im Schnellkochtopf 20 Minuten, Stufe II). Durch ein Sieb gießen.

Das Putenfleisch kleinschneiden, mit der restlichen Mirepoix durchmixen und mit dem Eiweiß mischen. Die Mischung in den ausgekühlten Blaukrautsud geben, 30 Minuten ziehen lassen, die gespickte Zwiebel zufügen, langsam aufkochen; wenn der Schaum hochgestiegen ist, eine weitere halbe Stunde ziehen lassen, dann durch ein Sieb gießen.

Den Spinat abbrausen, grob hacken und mit dem Ricotta mischen. Basilikum abbrausen, abzupfen, hacken und mit der durchgepreßten Knoblauchzehe zufügen, durchmischen, salzen und pfeffern.

Den Teig dünn ausrollen und halbieren. Auf eine Hälfte von der Spinatfüllung kleine Häufchen setzen, die zweite Hälfte darauflegen, die Zwischenräume gut andrücken und durchschneiden. Die Ravioli in Salzwasser al dente garen. Herausnehmen, in vier Teller verteilen und mit dem Blaukrauttee übergießen. Mit Kerbel garnieren.

Schaumsuppe von rotem Camargue-Reis mit Ricottaravioli

ZUTATEN

*1 kleine Lauchstange von 100 g, 1 Stück Sellerie von 100 g,
30 g Butter, 120 g Camargue-Reis
(aus dem Reformhaus), 1 dl Weißwein, ½ l Geflügelfond
(Rezept siehe Seite 217),
1 Knoblauchzehe, 1 Bund Majoran, 4 dl Sahne, Salz, 1 rote Paprikaschote,
120 g Nudelteig (Rezept
siehe Seite 203, Ravioliteig), 100 g Spinat, 100 g Ricotta, 1 Knoblauchzehe,
1 Eigelb zum Bestreichen,
3 Eigelb, 4 EL Schlagsahne*

ZUBEREITUNG

Den Lauch putzen und waschen, den Sellerie schälen und waschen. Beides in winzige Würfel schneiden (Mirepoix).

Die Butter erhitzen, die Mirepoix darin andünsten, 100 g Reis zufügen und mit Weißwein und Geflügelfond aufgießen. Den Knoblauch schälen und mit der Hälfte des abgebrausten Majorans zufügen. Aufkochen und zugedeckt 30 Minuten köcheln lassen (im Schnellkochtopf 8 Minuten, Stufe I). Anschließend durchmixen, mit der Sahne aufgießen und die Suppe auf 6 dl reduzieren, salzen.

Die Paprikaschote kurz blanchieren, eiskalt abschrecken, häuten, entkernen und das Fruchtfleisch in kleine Rauten schneiden. Warm halten.

Den restlichen Reis in kochendem Salzwasser 20 Minuten garen.

Den Nudelteig zubereiten. Den Spinat verlesen, waschen, gut abtropfen lassen und grob hacken. Mit dem Ricotta mischen, mit Salz und einer kleinen durchgepreßten Knoblauchzehe würzen. Den Nudelteig dünn ausrollen und halbieren. Auf die eine Teighälfte 12 Häufchen von der Füllung setzen. Die zweite Teighälfte mit verquirltem Eigelb bepinseln und darauflegen. Die Zwischenräume gut andrücken und mit einem Teigrädchen ausrollen. Die Ravioli in kochendes Salzwasser legen und 3 Minuten ziehen lassen.

Die Suppe abschmecken und mit Eigelb und Schlagsahne legieren.

Die Paprikarauten und die Ravioli in Suppenteller verteilen, mit dem extra gekochten Reis bestreuen und den restlichen Majoranblättchen garnieren. Die Suppe getrennt dazu servieren.

Vichyssoise mit Bärenkrebsen und Pfifferlingen

ZUTATEN

*500 g Lauch, 500 g Kartoffeln,
⅜ l Gemüsebrühe,
Salz, Pfeffer aus der Mühle, 200 g Pfifferlinge,
Saft von ½ Zitrone,
½ Bund Schnittlauch, 4 Bärenkrebse*

ZUBEREITUNG

Den Lauch putzen, waschen und kleinschneiden.
Die Kartoffeln schälen und in kleine Würfel schneiden.
Mit dem Lauch und der Gemüsebrühe in 20 Minuten weich kochen, salzen und pfeffern.
Das Gemüse pürieren und 2 Stunden kalt stellen.
Die Pfifferlinge putzen und für eine Minute in kochendes Salzwasser geben. Salzen und mit Zitronensaft beträufeln.
Die Bärenkrebse für 1–2 Minuten in kochendes Wasser geben, dann halbieren und das Fleisch auslösen.
Die Vichyssoise in vier Teller verteilen, die Pfifferlinge und die Bärenkrebse in die Mitte setzen.

Grießklößchen

ZUTATEN

50 g Butter, 1 Ei, 100 g Grieß, Salz, Pfeffer, Muskat

ZUBEREITUNG

Die Butter schaumig rühren und das Ei zufügen. Den Grieß einrieseln lassen und mit Salz, Pfeffer und Muskat würzen. Für 10 Minuten im Kühlschrank kühl stellen. Mit einem Teelöffel kleine Nocken abstechen und in leise siedendem Salzwasser in 15 Minuten gar ziehen lassen.

Getrüffelte Gemüsecreme mit Krebsen und Peccorino

ZUTATEN

*1 mittelgroße Lauchstange, 1 Stück Sellerie
von ca. 70 g, 1 Möhre, 1 Zwiebel,
50 g Butter, ¼ l Weißwein, ⅛ l Noilly Prat, 6 dl Geflügelfond
(Rezept siehe Seite 217),
2 dl Sahne, Salz, Pfeffer aus der Mühle, Zitronensaft, 1 Schuß Champagner
oder Sekt nach Belieben,
1 Bund Dill, ½ TL Pernod, 1 Msp gemahlener
Safran, 12 Krebse, 1 mittelgroße
Trüffel, 50 g Peccorino, 3 Eigelb, 2 EL geschlagene Sahne*

ZUBEREITUNG

Lauch, Sellerie und Möhre schälen, je ein kleines Stück zu Julienne schneiden (etwa 1 EL pro Sorte). Das restliche Gemüse sowie die geschälte Zwiebel in grobe Stücke schneiden. In heißer Butter kurz schwenken, mit Weißwein und Noilly Prat aufgießen und reduzieren lassen. Mit Geflügelfond auffüllen und etwa 20 Minuten kochen lassen (im Schnellkochtopf nur 9 Minuten auf Stufe II). Die Sahne zugießen und auf 6 cl einkochen lassen. Im Mixer pürieren, durch ein Haarsieb streichen und mit Salz, Pfeffer und Zitronensaft abschmecken. Nach Belieben Champagner oder Sekt zufügen.
Den Dill abbrausen und mit 3 l Wasser aufkochen, Salz, Pernod und Safran zufügen. Die Krebse in dem Sud 3 Minuten garen, herausheben und die Schwänze auslösen. Die Trüffel und den Peccorino in dünne Scheiben schneiden.
Die Gemüsejulienne in Salzwasser kurz blanchieren, eiskalt abschrecken und gut abtropfen lassen.
Das Eigelb und die Schlagsahne in die heiße Gemüsecreme rühren, dann nicht mehr kochen.
Die Krebsschwänze mit Trüffel- und Peccorinoscheiben in vier tiefe Teller verteilen und mit den Julienne bestreuen. Die Gemüsecreme getrennt dazu reichen.

Klare Lauchconsommé mit Krebs-Ballotines

ZUTATEN

*600 g Lauch (nur das Weiße),
50 g Butter,
8 dl Geflügelfond (Rezept siehe Seite 217), ¼ l Weißwein,
200 g Putenfleisch, 3 Eiweiß,
1 Bund Dill, Salz, 20 Krebse oder Krebsschwänze,
180 g Forellenfilet, 70 ml Sahne,
1 Msp gemahlener Koriander,
1 Msp gemahlener Salbei,
100 g Spinat, ½ l Fischfond
(Rezept siehe Seite 216)*

ZUBEREITUNG

Den Lauch putzen, waschen, 100 g beiseite legen, den Rest in Stücke schneiden. Die Butter in einem Topf erhitzen und den Lauch andünsten. Mit Geflügelfond und Weißwein aufgießen und zugedeckt 40 Minuten kochen lassen (im Schnellkochtopf 12 Minuten auf Stufe II). Die Brühe durch ein Sieb gießen und ganz abkühlen lassen.

Das Putenfleisch durch die feinste Scheibe des Fleischwolfs drehen oder sehr fein hacken. Den restlichen Lauch ganz klein würfeln. Mit dem Putenfleisch und dem Eiweiß mischen, in die kalte Consommé geben und 2 Stunden ziehen lassen.

Inzwischen die Ballotines vorbereiten. Dafür den Dill abbrausen und in 2 l Salzwasser aufkochen. Die Krebse zufügen und 3 Minuten garen. Die Krebse aus dem Sud nehmen, etwas abkühlen lassen und die Schwänze herauslösen.

Von dem Forellenfilet 80 g fein hacken und mit der Sahne im Mixer eine Fischfarce herstellen. Mit Salz, Koriander und Salbei würzen.

Den Spinat waschen, von den Stielen befreien und in kochendem Salzwasser kurz blanchieren. Eiskalt abschrecken und sehr gut abtropfen lassen.

Ein Stück Klarsichtfolie bereitlegen, die Spinatblätter darauf ausbreiten und mit wenig Fischfarce bestreichen. Das restliche Forellenfilet darauflegen, leicht salzen und mit der restlichen Fischfarce bestreichen. Die Krebsschwänze ebenfalls darauflegen und alles zusammenrollen. Die Folie straff ziehen, die Enden zubinden und die Oberfläche mehrmals einstechen.

Den Fischfond erhitzen, die Ballotines einlegen und in 8 bis 10 Minuten gar ziehen lassen. Aus der Folie nehmen und in Scheiben schneiden.

Die Consommé aufsetzen und ganz langsam aufkochen lassen. Durch ein Sieb passieren und abschmecken.

Die Krebs-Ballotines in vier Suppenteller verteilen und mit der Lauchconsommé übergießen. Mit einigen Lauchstreifen garnieren.

Saure Ingwerschaumsuppe mit Krebsen und Spargelspitzen

ZUTATEN

*1 Bund Dill, ¼ l Weißwein, Salz, 20 Krebse,
12 Spargelstangen, 20 g Butter,
1 TL Zucker, 1 kleine Ingwerknolle, 6 dl Geflügelfond
(Rezept siehe Seite 217), 4 dl Sahne,
1 dl trockener Riesling, Zitronensaft, 3 Eigelb,
3 EL geschlagene
Sahne, Kerbel zum Garnieren*

ZUBEREITUNG

Den Dill abbrausen und mit Weißwein und 3 l Salzwasser aufkochen. Die Krebse darin 3 Minuten garen. Herausnehmen und die Schwänze auslösen.

Den Spargel schälen. Die Spitzen abschneiden und in siedendem Wasser, dem 2 EL Butter, Salz und Zucker zugefügt wurden, 3 Minuten garen, herausnehmen und abschrecken. Die Spargelstangen anderweitig verwenden.

Die Ingwerknolle sehr kleinschneiden und mit dem Geflügelfond und der Sahne aufsetzen. Auf 6 dl einkochen lassen und mit dem Riesling, Salz und Zitronensaft abschmecken. Die Suppe durch ein feines Sieb passieren, dann wieder etwas erhitzen und mit Eigelb und Schlagsahne binden.

Die Krebsschwänze und die Spargelspitzen in Teller verteilen und mit Kerbel garnieren. Die Suppe getrennt dazu reichen.

Brätklößchen

(Knisterer)

ZUTATEN

*150 g Kalbsbrät, 1 Ei, 1 gehäufter EL Mehl,
1 gehäufter EL Speisestärke,
1 EL Milch, 1 Prise Schinkenwurstgewürz (vom Metzger)
oder Salz, Pfeffer, Muskat,
Piment, Cayennepfeffer*

ZUBEREITUNG

Das Kalbsbrät mit dem Ei mischen.
Das Mehl und die Speisestärke zusieben und unterarbeiten.
Die Milch zugeben. Mit Schinkenwurstgewürz oder den anderen Gewürzen kräftig abschmecken.

Mit einem angefeuchteten Teelöffel Klößchen abstechen, in leicht siedendes Salzwasser gleiten und in 5 Minuten gar ziehen lassen.

Fisch

Rôti von Loup de mer im legierten Sherry-Nage mit wildem Spargel

ZUTATEN

*20 Stangen wilder Spargel, 1 Schalotte, 4 EL Butter,
4 EL Geflügelfond (Rezept siehe Seite 217),
Salz, Zitronensaft, 400 g Loup de mer (4 x 100 Gramm), 1 dl Geflügelfond,
1 EL weiße Sojasauce, ½ TL Dashi,
1 Msp Glutamat, 1 TL Sherryessig, 1 EL Sherry (fino), 1 TL Pfeilwurzelmehl,
je 1 EL Brunoise von
Lauch, Sellerie, Möhre und
Kohlrabi*

ZUBEREITUNG

Den Spargel waschen und von den Enden befreien. Die Schalotte hacken und in 2 EL Butter andünsten. Den Spargel zufügen und mit Geflügelfond begießen.
6 Minuten dünsten, salzen und mit Zitronensaft abschmecken. Warm halten.
Den Loup de mer in vier Teile schneiden. 2 EL Butter erhitzen und den Fisch darin kurz anbraten. Dann auf ein Stück Alufolie setzen und im auf 220 Grad vorgeheizten Backofen 3 Minuten garen, salzen.

Für die Sauce den Geflügelfond, die Sojasauce, Dashi, Glutamat, Sherryessig und Sherry aufkochen und mit dem Pfeilwurzelmehl binden.
Die Gemüse-Brunoise in Salzwasser kurz blanchieren, eiskalt abschrecken, sehr gut abtropfen lassen und in die Sauce streuen.
Den Loup de mer in tiefe Teller setzen, mit der Sauce nappieren und den Spargel daneben anrichten.

Gedämpfter Waller mit Paprika und Sprossen in Dashi

ZUTATEN

2 rote Paprikaschoten, Salz, 50 g grüne Keniabohnen,
100 g Sojasprossen (aus Mungbohnen),
320 g Wallerfilet, ¼ l heller Geflügelfond (Rezept siehe Seite 217),
4 cl Sake, ½ TL Dashi, 1 EL Mirin,
1 TL Pfeilwurzelmehl, 2 EL Butter, Zitronensaft

ZUBEREITUNG

Die Paprikaschoten in kochendem Salzwasser blanchieren, häuten, entkernen und in Streifen schneiden. Die Böhnchen waschen, von den Enden befreien, halbieren und 2 Minuten in Salzwasser blanchieren, eiskalt abschrecken und gut abtropfen lassen. Die Sojasprossen unter fließendem Wasser abbrausen und abtropfen lassen.
Das Wallerfilet in vier gleiche Teile schneiden und die Haut der Länge nach einritzen.
Die Hälfte des Geflügelfonds mit dem Sake in einen Topf geben und aufkochen. Den Fisch auf einen Siebeinsatz legen, in den Topf stellen und zugedeckt 6 Minuten garen (im Schnellkochtopf nur 1½ Minuten auf Stufe I).

Den Fisch herausnehmen und zugedeckt warm stellen. Den Fond durch ein Sieb gießen, das Dashi und das Mirin einrühren, mit Salz abschmecken und mit Pfeilwurzelmehl leicht binden.
Die Butter erhitzen, das Gemüse darin schwenken, mit dem restlichen Geflügelfond begießen und 5 Minuten dünsten. Mit Salz und Zitronensaft abschmecken.
Das Gemüse auf vier Teller verteilen, den Fisch daraufsetzen und mit der Sauce nappieren.

Anmerkung: Der Waller sollte nicht sehr groß sein, damit er unter der Haut nicht so fett ist.

Steinbutt im Würzsud mit jungem Gemüse und Vongole

ZUTATEN

*1 Bund Dill, 1 Bund Estragon, 1 l Weißwein,
Jahrgang 1974, 1 dl Noilly Prat,
½ l Fischfond (Rezept siehe Seite 216), Salz, 1 Steinbutt
von ca. 1,2 kg, 1 kleine Möhre, 50 g Navets,
1 Zwiebellauch, 50 g Kaiserschoten, 400 g Vongole in der Schale
(Venusmuscheln), 1 dl Weißwein,
½ l Fischfond, geklärt und abgeschmeckt
(Rezept siehe Seite 216)*

ZUBEREITUNG

Den Dill und den Estragon abbrausen und mit dem Weißwein, Noilly Prat und Fischfond in einen Bräter gießen, salzen.

Den Steinbutt kalt abspülen und die Kiemen entfernen, von den Flossen befreien und in den Sud legen. Den Bräter in den auf 200 Grad vorgeheizten Backofen stellen und nach 12 Minuten herausnehmen.

Möhre und Navets schälen, Zwiebellauch putzen und waschen, Kaiserschoten waschen. Das Gemüse kleinschneiden, in Salzwasser kurz blanchieren und eiskalt abschrecken.

Die Vongole unter fließendem Wasser abbürsten, schon geöffnete Exemplare aussortieren und wegwerfen. Salzwasser mit 1 dl Weißwein erhitzen und die Vongole darin 2 Minuten garen. Wiederum noch geschlossene Exemplare aussortieren und wegwerfen.

Den geklärten Fischfond aufkochen und abschmecken, den Steinbutt aus dem Sud nehmen und mit dem Gemüse und den Muscheln hineingeben.

Servieren wie im Foto dargestellt. Der Steinbutt wird am Tisch filiert.

St. Petersfisch im Kräutermantel mit Maipilzen und Spargelspitzen

ZUTATEN

*600 g weißer Spargel, Saft von 1 Zitrone,
60 g Butter, 1 Prise Salz,
1 Prise Zucker, ½ Schalotte, 5 cl Noilly Prat, ¼ l Weißwein,
60 g eiskalte Butter, Salz, 2 cl
Champagner, 600 g St. Petersfisch, küchenfertig, 3 EL Butter, 1 Schalotte,
200 g Maipilze, 4 EL Butter,
4 cl Geflügelfond (Rezept siehe Seite 217), je 1 Bund
Kerbel, Basilikum,
Estragon und glatte Petersilie*

ZUBEREITUNG

Den Spargel schälen und mit Zitronensaft, Butter, Salz und Zucker in kochendes Wasser geben und 10 Minuten garen.

Die Schalotte schälen, fein hacken und mit Noilly Prat und Weißwein in einen Topf geben, um die Hälfte reduzieren, die Butter unterschlagen und mit Salz und Champagner abschmecken.

Den St. Petersfisch in Butter kurz anbraten, auf Alufolie in den auf 220 Grad vorgeheizten Backofen schieben und 4 Minuten garen. Weitere 5 Minuten ruhen lassen.

Die Schalotte schälen, fein hacken und die Maipilze putzen und kleinschneiden. Mit der Schalotte in Butter und Geflügelfond 7 Minuten dünsten.

Die Kräuter abbrausen, falls nötig von den Stengeln zupfen, und sehr fein hacken. Den Fisch in den Kräutern wälzen und dabei die Kräuter andrücken.

Den Fisch vorsichtig in Scheiben schneiden und mit dem Spargel und den Maipilzen anrichten, mit der Sauce umgießen.

Karpfen mit Anis-Champignons und Kohlrabi

ZUTATEN

*400 g Karpfen, küchenfertig, 1 Kohlrabi,
100 g Ochsenmark, Salz,
½ Bund frisches Aniskraut, 200 g Anis-Champignons,
3 EL Butter,
Zitronensaft, 1 Schalotte, 1 TL Öl*

ZUBEREITUNG

Den Karpfen in 4 dünne Scheiben schneiden. Den Kohlrabi schälen und auf der Maschine oder mit einem scharfen Messer in sehr feine Scheiben schneiden. Das Mark in warmes Salzwasser legen. Das Aniskraut abbrausen und ein Drittel fein hacken.

Die Champignons putzen und eventuell den Kopf schälen, das heißt die feine Haut abziehen. Den Strunk entfernen und die Pilze halbieren oder auch vierteln. Einen EL Butter erhitzen. Die Pilze mit dem gehackten Aniskraut darin andünsten, mit Zitronensaft beträufeln und salzen.

Die Schalotte schälen und fein hacken. Die restliche Butter mit dem Öl erhitzen und die Schalotte mit den Kohlrabischeiben darin kurz golden anbraten, salzen. Die Kohlrabischeiben fächerartig auf die Teller verteilen, die Karpfenscheiben daneben anrichten und mit den Champignons garnieren. Zum Schluß das Mark in Scheiben schneiden und darüber verteilen. Das Gericht 3 Minuten unter dem Grill nochmals gut erwärmen.

Kleiner Zander mit Rizzoli-Sardelle in Sambal Trassi

ZUTATEN

*200 g Nudelteig (Rezept siehe Seite 203, Ravioliteig),
Salz, ½ Schalotte,
4 cl Noilly Prat, ¼ l trockener Weißwein, 110 g Butter,
½ TL Sambal Trassi (Asien-
laden), 350 g Zanderfilet, 1 Dose Rizzoli-Sardellen (italienisches
Feinkostgeschäft),
4 EL Geflügelfond (Rezept siehe Seite 217),
4 Dillzweige als Garnitur*

ZUBEREITUNG

Den Nudelteig herstellen und daraus Spaghettini zubereiten. In kochendem Salzwasser al dente kochen, eiskalt abschrecken und in einem Sieb sehr gut abtropfen lassen.

Für die Sauce die Schalotte schälen, fein hacken, mit Noilly Prat und Weißwein auf die Hälfte reduzieren, mit 50 g Butter aufschlagen und mit Sambal Trassi abschmecken.

Das Zanderfilet in vier Teile schneiden und mit je einer plattierten Rizzoli-Sardelle belegen. In 50 g Butter beidseitig anbraten. Auf einem Stück Alufolie in den auf 220 Grad vorgeheizten Backofen legen und 4 Minuten garen. Herausnehmen und zugedeckt 5 Minuten ruhen lassen, salzen.

Die restlichen 10 g Butter erhitzen, die Spaghettini darin schwenken, mit Geflügelfond beträufeln und salzen.

Die Spaghettini auf Teller verteilen, den Fisch danebenlegen und mit der Sauce nappieren. Den Dill abbrausen und als Garnitur dazulegen.

Kurkuma-Bavaroise mit Blumenkohl und Stockfisch

ZUTATEN
für 6 – 8 Personen

1 Blumenkohl von ca. 400 g, Salz, 2 Msp Kurkuma, Zitronensaft, 25 g Butter, 25 g Mehl, ¼ l Blumenkohlsud, 125 g Sahne, 2 cl Champagner, 6 Blatt Gelatine, ½ Bund Dill, 380 g Sahne, 1 EL gehobelte und geröstete Mandeln, ¼ l Fischfond (Rezept siehe Seite 216), 200 g Stockfisch, gewässert, 1 EL Champagneressig, 1 EL Champagner, 1 Msp Senf, Pfeffer aus der Mühle, 2 EL Olivenöl, 1 Bund Schnittlauch

ZUBEREITUNG

Den Blumenkohl putzen, in Röschen teilen und gut waschen. Einen Liter Salzwasser aufkochen, Kurkuma einstreuen und den Blumenkohl darin 4 – 5 Minuten bißfest garen. Mit einem Schaumlöffel herausheben, abtropfen lassen und auf eine Platte legen. Mit Salz und Zitronensaft würzen.

Die Butter in einem Topf schmelzen, das Mehl unterrühren und goldgelb anschwitzen. Mit 1/4 l des Blumenkohlsuds, 125 g Sahne und dem Champagner aufgießen und köcheln lassen, bis die Sauce eine cremige Konsistenz hat. Mit Salz und Zitronensaft abschmecken.

Die Gelatine in kaltem Wasser 10 Minuten einweichen, gut ausdrücken, in der heißen Sauce auflösen und die fertige Sauce gut abkühlen lassen.

Den Dill abbrausen, abzupfen und fein hacken. Die restliche Sahne steif schlagen und mit dem Dill unter die Velouté heben.

Die Blumenkohlröschen in 6 bis 8 Timbaleförmchen oder Tassen verteilen, mit der Velouté aufgießen und mit den gerösteten Mandelblättchen bestreuen. Zum Festwerden 1 Stunde in den Kühlschrank stellen.

Den Fischfond erhitzen und den Stockfisch darin 8 Minuten ziehen lassen. Mit einer Schaumkelle herausnehmen und zerzupfen.

Aus Champagneressig, Champagner, Senf, Salz, Pfeffer und Olivenöl eine Vinaigrette rühren. Den Schnittlauch abbrausen, kleinschneiden und einstreuen.

Die Timbales kurz in heißes Wasser halten, den Rand mit einer Messerspitze lockern und die Timbales auf Teller stürzen und halbieren. Den Stockfisch rundum legen und mit der Vinaigrette nappieren.

Filet von Bodensee-Saibling mit Cunzati-Kapern und Artischocke

ZUTATEN

*12 Krebse, Salz, 1 Bund Dill, 1 dl Weißwein,
2 EL Cunzati-Kapern (Feinkost-
geschäft), 2 Artischocken, 1 dl Weißweinessig, 1 Schalotte,
2 dl Weißwein, 1 dl Fischfond (Rezept
siehe Seite 216), 1 dl Sahne, 2 EL Krebsbisque
(Rezept siehe Seite 219), Zitronensaft,
600 Saiblingsfilet (entsprechend 8 Filets),
40 g Butter, 2 EL geschlagene
Sahne*

ZUBEREITUNG

Die Krebse in 2 l Salzwasser mit dem abgebrausten Dill und 1 dl Weißwein ca. 3 Minuten kochen, die Schwänze ausbrechen und bereitstellen.

Die Kapern mit warmem Wasser abspülen. Die Böden der Artischocken ausschälen und in 1 l Salzwasser mit dem Weißweinessig in ca. 15 Minuten weich kochen. Die Böden säubern und in Ecken schneiden.

Für die Sauce die Schalotte schälen, fein hacken und mit dem Weißwein fast gänzlich reduzieren. Mit dem Fischfond auffüllen und um die Hälfte reduzieren. Die Sahne und die Bisque zugießen und bis zur gewünschten Konsistenz einkochen. Mit Salz und Zitronensaft abschmecken.

Die Fischfilets in schäumender Butter ca. 3 Minuten garen, 3 Minuten ruhen lassen, dann salzen.

Die Filets anrichten, die Sauce gut durchmixen, Kapern und Artischocken einrühren. Die Krebsschwänze zufügen und erwärmen. Zum Schluß die geschlagene Sahne unterheben.

Die Fischfilets anrichten und mit der Sauce nappieren.

Krebshälften aus der heißen Gemüsebeize mit Roquette-Salat

ZUTATEN

*16 Krebse, 50 g Möhren, 50 g Lauch,
50 g Sellerie, ¼ l Öl, ½ TL abgeriebene Schale einer
unbehandelten Zitrone, ¼ Lorbeerblatt,
½ Nelke, Salz, schwarzer Pfeffer aus der Mühle, 100 g Roquette-Salat,
1 EL Sherryessig, 2 EL Olivenöl,
einige Korianderblättchen zum Garnieren*

ZUBEREITUNG

Die Krebse für 3 Minuten in kochendes Wasser geben. Herausnehmen, längs halbieren und bis auf das Schwanzfleisch alles herausnehmen.
Die Krebse mit der Schnittfläche nach oben auf eine Platte setzen.
Möhren, Lauch und Sellerie schälen bzw. putzen, waschen und sehr klein würfeln.
Das Öl erhitzen, die Gemüsewürfel, Zitronenschale, Lorbeerblatt, Nelke, Salz und Pfeffer zufügen und 10 Minuten ziehen lassen. Dann über die Krebse gießen und weitere 10 Minuten ziehen lassen.

Den Salat putzen und waschen.
Aus Sherryessig, Olivenöl, Salz und Pfeffer eine Vinaigrette rühren.
Den Roquette-Salat in der Vinaigrette wenden und auf vier Teller in die Mitte geben.
Die Krebse daraufsetzen und mit etwas Sud beträufeln.
Mit je einem Teelöffel der Gemüsewürfelchen aus dem Sud bestreuen. Mit Korianderblättchen garnieren.

Filets von Daurade Royale mit Sylter Austern in englischem Senf

ZUTATEN

*600 g Daurade-Filet (Goldbrasse),
1 dl Weißwein, 5 cl Noilly Prat, 1 dl Fischfond
(Rezept siehe Seite 216),
1 dl Sahne, 60 g Butter, Salz, Zitronensaft, 1 Schuß Champagner,
1 TL englischer Senf,
20 Sylter Austern (alternativ Fines de claire), 2 EL Butter,
Spitzen von weißem Löwenzahn,
etwas Senfsprossen
(kann man selber ziehen)*

ZUBEREITUNG

Den Fisch in 4 Teile schneiden.
Für die Sauce den Weißwein und Noilly Prat fast gänzlich reduzieren. Mit Fischfond auffüllen und um die Hälfte reduzieren. Die Sahne zugießen und bis zur gewünschten Konsistenz einkochen lassen, mit 60 g Butter aufschlagen, Sauce gut durchmixen und mit Salz und Zitronensaft abschmecken. Eventuell noch einen Schuß Champagner dazugießen und den Senf unterrühren.

Die Austern öffnen und entbarten, dann beiseite stellen. Die Fischfilets kurz in schäumender Butter anbraten, dann auf Alufolie setzen und im auf 220 Grad vorgeheizten Backofen 4 Minuten garen.
In der Zwischenzeit die Löwenzahnspitzen putzen und waschen. Die Austern in die Sauce geben. Löwenzahnspitzen auf die Teller verteilen. Die Fischfilets darauflegen und mit der Sauce und den Austern nappieren. Mit den Senfsprossen garnieren.

Bodensee-Lachsforelle und Saibling in Seeigel Royale

ZUTATEN

*1 Bund Dill, 100 g Mirepoix aus Möhre,
Lauch, Sellerie und Zwiebel, ¼ l Weißwein, Salz, 12 Krebse,
80 g Zwiebellauch, 5 cl Noilly Prat,
1 dl Weißwein, 2 dl Fischfond (Rezept siehe Seite 216), 2 dl Sahne, Zitronensaft,
1 EL Seeigel Royale (Seeigel-Paste,
gibt es im Feinkostgeschäft), 280 g Lachsforellenfilet
auf der Haut,
280 g Saiblingsfilet auf der Haut, 2 EL Butter,
1 Schalotte, 4 EL Geflügelfond
(Rezept siehe Seite 217)*

ZUBEREITUNG

Den Dill abbrausen und mit der Mirepoix und dem Weißwein in einen Topf geben. Mit 3 l Wasser auffüllen, salzen und aufkochen. Die Krebse darin 3 Minuten garen. Herausnehmen und die Schwänze ausbrechen.
Den Zwiebellauch putzen, abbrausen und in Salzwasser blanchieren, eiskalt abschrecken und gut abtropfen lassen.
Für die Sauce Noilly Prat und Weißwein fast ganz reduzieren. Mit Fischfond auffüllen und um die Hälfte reduzieren. Die Sahne zugießen und zur gewünschten Konsistenz einkochen. Mit Salz und Zitronensaft abschmecken, die Seeigelpaste einrühren und die Sauce gut durchmixen.

Die Fischfilets auf der Hautseite leicht einritzen und kurz in heißer Butter beidseitig leicht anbraten. Alufolie mit der Glanzseite nach oben auf ein Blech legen, die Fischfilets daraufgeben und im auf 200 Grad vorgeheizten Backofen 2 – 3 Minuten garen. Leicht salzen.
Die Schalotte schälen, sehr fein hacken und mit dem Zwiebellauch in dem Geflügelfond 3 Minuten dünsten, würzen und auf Teller verteilen. Die Krebsschwänze und die Fischfilets dazulegen und mit der Sauce nappieren.

Geräucherter Saibling mit Thaibohnen

ZUTATEN

*1 Saibling von ca. 350 g,
kaltgeräuchert mit Buche, 8 Thaibohnen
(Asienladen), Salz,
2 EL Essig, Pfeffer aus der Mühle, 1 TL Senf (Moutarde de Meaux),
4 EL Öl, 1 Handvoll Kerbel,
½ Bund Brunnenkresse*

ZUBEREITUNG

Den Saibling so filieren, daß die Haut daranbleibt. Restliche Gräten, falls nötig, entfernen.

Die Thaibohnen in kochendem Salzwasser 2 Minuten blanchieren, eiskalt abschrecken und einzeln zusammenrollen.

Aus Essig, Salz, Pfeffer, Senf und Öl eine Vinaigrette rühren.

Kerbel und Brunnenkresse abbrausen, die Blättchen abzupfen.

Die Saiblingsfilets mit je zwei Thaibohnen anrichten, mit Kerbel und Brunnenkresse garnieren und mit der Vinaigrette beträufeln.

Gebeizte Kabeljauwürfel auf Dill-Tagliatelle »Grey Poupon«

ZUTATEN

*600 g Kabeljaufilet mit Haut, 100 g Meersalz,
1 EL schwarzer Pfeffer, grob gestoßen, 2 Bund Dill, 20 g Spinat,
Salz, 200 g Tagliatelle (Rezept siehe Seite 203, Ravioliteig),
½ Schalotte, 5 cl Noilly Prat, 1 dl Weißwein
(Aligoté), 80 g Butter, 1 TL Dijonsenf »Grey Poupon«, Zitronensaft,
4 EL Geflügelfond (Rezept siehe Seite 217), Dillzweige zum
Garnieren*

ZUBEREITUNG

Den Kabeljau mit grobem Meersalz und gestoßenem Pfeffer bestreuen. Einen Bund Dill abbrausen, von den Stengeln zupfen, fein hacken und auf den Fisch streuen. Den Fisch einen Tag im Kühlschrank ziehen lassen. Anschließend die Beize wieder entfernen.

Den Spinat und den restlichen Dill abbrausen, beides fein hacken und in Salzwasser blanchieren. Die Matte abschöpfen und zum Färben des Nudelteiges beiseite stellen.

Den Nudelteig herstellen und mit der Kräutermatte einfärben. Zu Tagliatelle schneiden und in kochendem Salzwasser al dente garen.

Die Schalotte schälen, fein hacken und mit Noilly Prat und Weißwein in einen Topf geben, um die Hälfte reduzieren. 50 g eiskalte Butter unterschlagen, den Dijonsenf unterheben und die Sauce mit Salz und Zitronensaft abschmecken.

Den Kabeljau in kleine Würfel schneiden, auf eine flache Platte geben und zum Erwärmen kurz unter den Grill stellen.

Die restliche Butter erhitzen, den Geflügelfond zugießen und die Tagliatelle darin schwenken, leicht salzen und auf Tellern verteilen. Die Kabeljauwürfel daraufstreuen und mit der Sauce nappieren.

Mit den Dillzweigen garnieren.

Krebsschwanz-Gratin mit Vongole und gebratenem Spargel

ZUTATEN

*1 Bund Dill, Salz, 20 Krebse,
400 g Vongole (Venusmuscheln), 1 dl Weißwein,
1 dl Fischfond (Rezept siehe Seite 216),
1 dl Sahne, 2 EL Krebsbisque (Rezept siehe Seite 219), Zitronensaft,
16 Stangen weißer Spargel,
20 g Butter, 1 Bund Schnittlauch, 2 EL geschlagene
Sahne, einige Dillzweige zum Garnieren*

ZUBEREITUNG

Den Dill abbrausen und in 3 Liter Salzwasser aufkochen. Die Krebse zufügen und 3 Minuten garen. Die Krebse aus dem Sud nehmen und die Schwänze ausbrechen.

Die Vongole kalt abbrausen, dann im Krebssud 2 Minuten kochen. Aus dem Sud nehmen. Nicht geöffnete Exemplare aussortieren und wegwerfen, sie sind nicht genießbar. Die geöffneten Vongole aus den Schalen lösen.

Den Weißwein in eine Sauteuse gießen und fast ganz einkochen lassen. Mit Fischfond aufgießen und um die Hälfte reduzieren. Sahne und Bisque zufügen und bis zur gewünschten Konsistenz einkochen lassen. Mit Salz und Zitronensaft abschmecken.

Den Spargel schälen, schräg in feine Scheiben schneiden und in heißer Butter schwenken. Mit Salz und Zitronensaft abschmecken. Den Schnittlauch abbrausen, kleinschneiden und darüberstreuen.

Die Sauce gut durchmixen und die Schlagsahne unterheben.

Den Spargel in kleine tiefe Teller geben, Krebsschwänze und Vongole darauf verteilen und mit der Sauce übergießen. Unter dem Grill goldbraun werden lassen. Mit Dill garnieren und gleich servieren.

Küstenkabeljau in leichter Currysauce mit Ossiotr-Kaviar

ZUTATEN

*je 50 g Möhre, Sellerie, Kohlrabi und Lauch,
Salz, 1 Schalotte,
2 cl Noilly Prat, 2 cl Sherry (fino), 5 cl Weißwein, 5 cl Champagner,
2 Msp guten Curry, 60 g kalte Butter,
600 g Kabeljau (Schwanzstück), 2 EL Butter, ½ Schalotte, 1 EL Butter, 4 EL
Geflügelfond (Rezept siehe Seite 217), Zitronensaft, 1 Bund
Schnittlauch, 1 Glas Ossiotr-Kaviar (oder Beluga)*

ZUBEREITUNG

Möhre, Sellerie, Kohlrabi und Lauch schälen bzw. putzen, waschen, in Julienne schneiden und in kochendem Salzwasser blanchieren, eiskalt abschrecken und gut abtropfen lassen.

Die Schalotte schälen, fein hacken und mit Noilly Prat, Sherry, Weißwein und dem Champagner um die Hälfte reduzieren. Den Curry zufügen und die eiskalte Butter unterschlagen, abschmecken.

Den Kabeljau samt Haut in vier Teile schneiden, die Haut der Länge nach einritzen. Die Butter in einer Pfanne aufschäumen lassen und den Fisch beidseitig goldbraun anbraten. Herausnehmen, auf Alufolie setzen und im auf 220 Grad vorgeheizten Backofen 4 Minuten garen. Herausnehmen und zugedeckt 4 Minuten ruhen lassen.

Inzwischen die Schalotte schälen, fein hacken und in Butter und Geflügelfond mit der Gemüsejulienne andünsten. Salzen und mit Zitronensaft abschmecken. Den Schnittlauch abbrausen, kleinschneiden und einstreuen.

Den Ossiotr-Kaviar in die nicht zu heiße Sauce rühren (wenn sie zu heiß ist, gerinnt der Kaviar).

Die Gemüsejulienne auf Teller verteilen, den Fisch daraufsetzen und mit der Sauce nappieren.

Bodensee-Eglifilets mit Ormeaux im eigenen Nage

ZUTATEN

*12 Ormeaux (Ohrmuscheln),
1 Schalotte, 1 Knoblauchzehe, 2 EL Olivenöl,
1 dl Fischfond (Rezept siehe Seite 216),
5 cl Weißwein, 2 cl Noilly Prat, 1 Schuß Pernod, 1 Msp Safran, Salz,
Zitronensaft, 60 g eiskalte Butter,
200 g Spaghettini (Rezept siehe Seite 203, Ravioliteig), 40 g Butter,
12 Eglifilets, Salz, Pfeffer aus der Mühle,
4 EL Gemüsejulienne
aus Möhre, Lauch, Sellerie*

ZUBEREITUNG

Die Ormeaux unter fließend kaltem Wasser abbürsten. Die Schalotte und den Knoblauch schälen, beides fein hacken. Das Olivenöl in einem großen Topf erhitzen und die Ormeaux darin kräftig anbraten. Schalotte und Knoblauch zufügen, mit Fischfond, Weißwein und Noilly Prat ablöschen. Mit Pernod, Safran, Salz und Zitronensaft würzen und 8 – 10 Minuten durchkochen. Die Ormeaux herausnehmen, auslösen und den Fußmuskel in dünne Scheiben schneiden. Den Fond durchpassieren und mit der eiskalten Butter aufschlagen.

Die Spaghettini in Salzwasser al dente kochen.
Die Butter aufschäumen lassen und die Eglifilets darin beidseitig kurz braten, salzen, pfeffern und warm stellen.
Die Gemüsejulienne und die Ormeauxscheiben in die Sauce geben.
Zum Anrichten die Spaghettini portionsweise auf Gabeln wickeln und auf Teller verteilen. Die Eglifilets daneben anrichten und mit der Sauce nappieren.

Filet von Baramundi, gegrillt auf Zitronengras, mit Apfel-Chili-Chutney

ZUTATEN

*50 g Basmati-Reis,
1 Bund Melisse, ⅛ l Weißwein, 1 TL Feigensenf,
1 TL Shoyu, ½ TL Sweet Chili,
Zitronensaft, Salz, 1 kleiner Apfel, 600 g Baramundi (Hawaii-Fisch),
2 EL leichtes Nußöl,
1 Bund frisches Zitronengras,
Salz, Zitronensaft*

ZUBEREITUNG

Den Reis in Wasser in 30 Minuten sehr weich kochen und abgießen. Die Melisse abbrausen, abzupfen und fein hacken. In warmem Weißwein 10 Minuten ziehen lassen, abpassieren und den Wein zum Reis geben. Mit Feigensenf, Shoyu, Sweet Chili, Zitronensaft und Salz mischen. Den Apfel schälen, vom Kernhaus befreien, würfeln und kurz in heißes Wasser geben. Ebenfalls zum Reis geben und alles kurz mixen.

Den Fisch in etwas Nußöl beidseitig anbraten. Das Zitronengras abbrausen, trockentupfen und auf ein Blech breiten. Den Fisch daraufsetzen und im auf 220 Grad vorgeheizten Backofen 5 Minuten garen, salzen und mit Zitronensaft beträufeln.
Dann den Fisch trockentupfen und in vier gleichmäßige Stücke schneiden. Dünn mit dem Chutney bestreichen, auf Teller geben und mit dem Zitronengras dekorieren.

Medaillons von der Lotte im Bambusblatt aus dem weißen Soja-Dampf

ZUTATEN

*700 g Lottefilet, 4 cl Sahne, Salz,
1 großes Mangoldblatt
oder 4 kleine Blätter, 4 Stück Bambusblätter
(im Asienladen), ¼ l Fischfond
(Rezept siehe Seite 216),
5 cl weiße Sojasauce, 1 EL Oistersauce, ½ Schalotte, 5 cl Noilly Prat,
1 dl Weißwein, 60 g eiskalte Butter,
1 Msp Wasabi, 1 Msp Dashi,
1 Paket Kishime-Nudeln (im Naturkostladen)*

ZUBEREITUNG

Vom Lottefilet 50 g abschneiden, grob hacken und mit der Sahne im Mixer pürieren, durch ein feines Sieb streichen und mit Salz abschmecken.

Den Mangold waschen, in Salzwasser kurz blanchieren, eiskalt abschrecken und gut abtropfen lassen. Das Mangoldblatt ausbreiten, in vier Teile schneiden und mit der Fischfarce bestreichen. Das restliche Lottefilet vierteln und je ein Stück auf das Mangoldblatt setzen und darin einpacken. Die Bambusblätter waschen und die Fischpäckchen darin einwickeln, mit Küchenzwirn zusammenbinden.

Den Fischfond mit der Soja- und Oistersauce in einen Topf gießen. Die Bambuspäckchen auf den Siebeinsatz legen und hineinstellen. 15 Minuten garen (im Schnellkochtopf 4 – 5 Minuten auf Stufe I).

Für die Sauce die Schalotte schälen, fein hacken und mit Noilly Prat und Weißwein in einen kleinen Topf geben. Um die Hälfte reduzieren, mit der Butter aufschlagen und Wasabi und Dashi einrühren. Die Sauce durch ein feines Sieb passieren.

Die Kishime-Nudeln in reichlich Salzwasser garen.

Das Bambusblatt von den Päckchen entfernen und auf Teller legen. Das eingehüllte Lottefilet in feine Scheiben schneiden, dachziegelartig auf das Bambusblatt legen und mit der Sauce überziehen.

Die Nudeln mit einer Gabel aufrollen und dazulegen.

Pot au feu von Red Croissant und Rascasse mit weißem Trüffelöl

ZUTATEN

*2 Zucchini (nicht zu groß), 1½ Schalotten, 4 EL Butter,
4 EL Geflügelfond (Rezept siehe Seite 217),
Salz, 1 Bund Schnittlauch, 5 cl Noilly Prat, 1 dl Weißwein, 60 g eiskalte Butter,
Zitronensaft, 320 g Red-Croissant-Filet
(oder auch Daurade), 320 g Rascasse-Filet, 2 EL weißes
Trüffelöl*

ZUBEREITUNG

Die Zucchini waschen, vom Stengelansatz befreien und in der Größe dünner Pommes frites (Batonettes) schneiden. Eine Schalotte schälen und fein hacken, mit den Zucchini in 2 EL Butter und dem Geflügelfond 6 Minuten dünsten, salzen. Den Schnittlauch abbrausen, kleinschneiden und einstreuen.

Die halbe Schalotte schälen und fein hacken. Mit Noilly Prat und Weißwein um die Hälfte reduzieren. Die kalte Butter unterschlagen und mit Salz und Zitronensaft abschmecken.

Den Fisch jeweils in vier Teile schneiden und in 2 EL aufschäumender Butter beidseitig anbraten. Auf Alufolie setzen und im auf 220 Grad vorgeheizten Backofen 4 Minuten garen. Herausnehmen und zugedeckt 5 Minuten ruhen lassen.

Die Zucchini auf Teller verteilen, mit der Sauce übergießen. Die Fischfilets daraufsetzen und mit dem weißen Trüffelöl beträufeln.

Lachsschnitzel in Olio extra vergine »Vistarenni«

ZUTATEN

400 g Krebsnudeln (für 4 Personen, Rezept siehe Seite 201), 4 Lachsschnitzel von je 150 g, 1 EL Krebsbutter, selbstgemacht oder aus der Dose, 2 EL Vistarenni-Olivenöl, 2 Hummerschwänze, Salz, ½ Schalotte, 2 cl Noilly Prat, 1 dl Weißwein, 60 g eiskalte Butter, 1 EL Butter, 4 EL Krebsfond (Rezept siehe Seite 219), 1 Bund Basilikum

ZUBEREITUNG

Die Krebsnudeln zubereiten.
Die Lachsschnitzel in Krebsbutter beidseitig kurz anbraten. Ein Blech mit Alufolie belegen, die Lachsschnitzel daraufsetzen und im auf 200 Grad vorgeheizten Backofen 4 Minuten garen. Danach 5 Minuten zugedeckt ruhen lassen, mit etwas Vistarenni-Olivenöl beträufeln.
Die Hummerschwänze samt Karkasse längs halbieren und mit der Schnittfläche in heißem Olivenöl kurz braten. Dann im auf 200 Grad vorgeheizten Backofen 3 – 4 Minuten garen, abtupfen und leicht salzen.

Die Krebsnudeln in Salzwasser al dente kochen.
Für die Sauce die Schalotte schälen, sehr fein hacken und mit Noilly Prat und Weißwein um die Hälfte einkochen. Die eiskalte Butter unterschlagen, abschmecken. Die Butter mit dem Krebsfond erhitzen und die Krebsnudeln darin schwenken.
Das Basilikum abbrausen.
Die Nudeln mit einer Gabel aufrollen und auf vier Teller verteilen. Mit der Sauce beträufeln. Lachsschnitzel und Hummer dazulegen und mit Basilikum garnieren.

Lauwarme Roulade von Loup de mer und Hummer

ZUTATEN

450 g Loup de mer, ohne Gräten,
4 cl Sahne,
1 Msp gemahlener Safran, 1 Msp gemahlener Koriander,
1 Msp gemahlener Salbei, 2 Stück Noriblätter
(im Asienladen),
300 g Hummerschwanz, ausgelöst, ½ Schalotte, 5 cl Noilly Prat, ¼ l Weißwein
(weißer Burgunder),
60 g eiskalte Butter, Salz, Pfeffer aus der Mühle,
Zum Garnieren:
Blüten von Kapuzinerkresse,
falls vorhanden

ZUBEREITUNG

Vom Loup de mer 50 g abschneiden und diese mit Sahne, Safran, Koriander und Salbei im Mixer pürieren. Die Farce durch ein feines Sieb streichen.

Die Noriblätter waschen, ausbreiten und mit der Hälfte der Fischfarce bestreichen. Den restlichen Loup de mer darauflegen, mit dem Rest der Fischfarce bestreichen und das Hummerfleisch darauflegen. Die Blätter zusammenschlagen und zu einer Rolle formen. Die Rolle in Klarsichtfolie fest einpacken, so daß sie ganz rund ist. Die Enden fest verschließen. Die Rolle in leise siedendem Wasser bei 74 Grad ca. 12 Minuten pochieren.

Für die Sauce die Schalotte schälen, halbieren und die Hälfte fein hacken (den Rest anderweitig verwenden). Zusammen mit Noilly Prat und Weißwein in einen kleinen Topf geben und um die Hälfte reduzieren. Die Butter unterschlagen und die Sauce mit Salz und Pfeffer abschmecken.

Die Rolle aus dem Sud heben, aus der Folie nehmen und in feine Scheiben schneiden. Fächerartig anrichten, mit der Sauce nappieren und mit Kapuzinerkresse garnieren.

Terrine mit geräuchtem Lachs und Kabeljau mit Daikonkresse

ZUTATEN

*200 g Räucherlachs, 200 g Kabeljaufilet,
150 g frisches Lachsfilet,
13 cl Sahne, Salz, 1 Msp Safran, gemahlen, 100 g Blattspinat,
1 Töpfchen Daikonkresse
(im Asienladen), ½ Schalotte,
1 Bund Schnittlauch, 1 EL Dillessig,
1 EL Weißwein, 2 EL Olivenöl*

ZUBEREITUNG

Den Räucherlachs parieren, das heißt die Haut entfernen und den Fisch gleichmäßig zuschneiden, damit er in eine Terrinenform paßt. Das Kabeljaufilet in flache Schnitzel schneiden.

Das frische Lachsfilet fein hacken, mit der Sahne im Mixer pürieren, durch ein Sieb streichen und mit Salz würzen. Ein Drittel der Farce mit Safran würzen.

Den Spinat waschen, von den Stielen befreien und in kochendem Salzwasser blanchieren, eiskalt abschrecken und sehr gut abtropfen lassen.

Den Räucherlachs mit der Hälfte der Safranfarce beidseitig bestreichen und in die Kabeljauschnitzel hüllen.

Den Spinat als Rechtecke auf einem Tuch ausbreiten. Den Fisch daraufsetzen und mit Hilfe des Tuches mit den Spinatblättern umhüllen.

Eine Terrinenform mit Klarsichtfolie auskleiden und die Hälfte der puren Fischfarce auf dem Boden der Form verteilen. Das Lachs-Kabeljau-Paket in die Mitte setzen, mit der restlichen Farce bedecken. Die Terrine so im Kühlschrank 2 Stunden ruhen lassen. Dann im Wasserbad in der Fettpfanne des Backofens bei 170 Grad 25 Minuten garen. Herausnehmen und mindestens 1 Stunde ruhen lassen.

Die Daikonkresse abbrausen und abzupfen. Die Schalotte schälen und fein hacken. Den Schnittlauch abbrausen und in kleine Röllchen schneiden.

Aus Dillessig, Weißwein, Salz, Pfeffer und Olivenöl eine Vinaigrette rühren. Daikonkresse, Schalotte und Schnittlauch untermischen.

Die Terrine stürzen, aufschneiden, anrichten und mit der Kräutervinaigrette umgeben.

Fleisch und Wild

Lammrücken als Daube mit Rosmarin

ZUTATEN

¼ l Chateauneuf-du-Pape »Le Telegraphe«,
5 cl roter Portwein,
¼ l Lammfond (Rezept siehe Seite 226), 600 g Lammrücken (ausgelöst), 1 Rosmarinzweig,
50 g Mehl, Type 405, ½ Ei, 15 ml Milch, Salz, 2 EL Butter, 2 Artischocken,
1 dl Weißweinessig, 1 Zucchino (120 g),
1 Aubergine (120 g), 1 Paprika (rot oder gelb), ca. 130 g,
1 kleine Flasche Tomatensaft (0,33 l),
Pfeffer aus der Mühle, 200 g gemischte Pilze der Saison,
1 Schalotte, 1 dl Geflügelfond (Rezept siehe Seite 217),
2 EL Crème fraîche,
1 TL Pfeilwurzelmehl

ZUBEREITUNG

Den Wein mit dem Portwein in einem Topf aufkochen, um zwei Drittel reduzieren und den Lammfond dazugeben. Den Fond aufkochen, einen Siebeinsatz hineinstellen und das Lamm, in 4 Teile geteilt, darauflegen. Den Rosmarinzweig dazugeben, zugedeckt aufkochen und 10 Minuten garen (im Schnellkochtopf 3 Minuten auf Stufe I).

Aus Mehl, dem halben verquirlten Ei, der Milch und einer Prise Salz einen Crêpeteig rühren. In 1 EL heißer Butter 2 dünne Crêpes ausbacken. Aus jeder Crêpe 4 Kreise von je 5 cm Durchmesser ausstechen und warm stellen.

Aus den Artischocken die Böden herausschälen und in 1 l Wasser mit dem Weißweinessig und einer Prise Salz 15 Minuten kochen, herausnehmen und in kleine Würfel schneiden.

Zucchino, Aubergine und Paprikaschote waschen und ebenfalls sehr klein würfeln. Den Tomatensaft erhitzen, salzen und pfeffern. Die Artischockenwürfel und das Gemüse bei milder Hitze 10 Minuten im Tomatensaft ziehen lassen.

Die Pilze putzen, abreiben und kleinschneiden. Die Schalotte schälen, fein hacken und mit den Pilzen in der restlichen Butter kurz anbraten, mit Geflügelfond aufgießen und mit Crème fraîche binden. Salzen und pfeffern.

Den Lammsud auf ca. 1 dl reduzieren und mit dem Pfeilwurzelmehl leicht binden. Das Lamm aufschneiden, auf der Ratatouille anrichten. Die Pilze jeweils zwischen zwei Crêpes verteilen und dazulegen. Mit Lammsauce nappieren und mit dem Rosmarinzweig garnieren.

Kalbsfilet, mit Ziegenkäse aus der Langhe gefüllt

ZUTATEN

1 mittelgroße rote Bete,
120 g Nudelteig (Rezept siehe Seite 203, Ravioliteig),
Salz, ¼ l Barolo, 1 dl Kalbsglace,
2 EL Portwein (Tawny), 1 TL Pfeilwurzelmehl, 8 Kalbsmedaillons
von je ca. 80 g, 3 EL Butter,
100 g Ziegenkäse aus der Langhe, 2 EL Butter,
2 EL Geflügelfond (Rezept siehe Seite 217),
Lavendelzweiglein zum Garnieren

ZUBEREITUNG

Die rote Bete schälen, würfeln und in 30 Minuten ganz weich kochen (im Schnellkochtopf 9 Minuten auf Stufe II). Die rote Bete durch ein Sieb drücken oder pürieren. Das Püree, falls nötig, bis auf 2 EL einkochen lassen.
Den Nudelteig zubereiten und mit dem Rote-Bete-Püree färben. Dünn ausrollen und in Papardelle, ca. 2 cm breit, schneiden. In kochendem Salzwasser al dente garen. Herausnehmen und abtropfen lassen.
Den Barolo fast ganz einkochen, Kalbsglace zufügen, gut durchkochen und mit Pfeilwurzelmehl binden. Mit Portwein und Salz abschmecken.
Die Kalbsmedaillons mit Küchenzwirn umbinden, damit sie die Form behalten. In heißer Butter beidseitig kurz anbraten, dann auf ein Stück Alufolie setzen und im auf 220 Grad vorgeheizten Backofen in 3 Minuten rosa garen. Herausnehmen und zugedeckt 5 Minuten ruhen lassen. Den Küchenzwirn entfernen. Den Ziegenkäse auf den Medaillons verteilen und kurz übergrillen, so daß der Käse gerade zu schmelzen beginnt.
2 EL Butter mit dem Geflügelfond erhitzen und die Papardelle darin schwenken. Mit einer Fleischgabel aufdrehen und auf vier Teller verteilen. Die Kalbsmedaillons daraufsetzen und mit der Barolo-Sauce nappieren. Mit Lavendelzweiglein garnieren.

Rognonade von Pyrenäen-Kaninchen in Fine champagne

ZUTATEN

*2 Kaninchenrücken (Mittelstück), Salz,
Pfeffer aus der Mühle, 50 g Kaninchenfleisch, durch
den Fleischwolf gedreht, 40 g Sahne,
4 Kaninchennieren, 1 Schweinenetz (vorbestellen), 1 EL Öl, je 1 Zweig
Thymian und Rosmarin,
1 dl Kaninchenfond (Rezept siehe Seite 224),
1 cl Fine champagne (Cognac),
Zitronensaft, 1 TL Pfeilwurzelmehl, 1 kleiner
Krautkopf, 40 g Gemüsejulienne
von Möhre, Lauch
und Sellerie, 3 EL Butter*

ZUBEREITUNG

Die Kaninchenrücken auslösen und mit Salz und Pfeffer würzen. Für die Kaninchenfarce das durchgedrehte Kaninchenfleisch mit der Sahne mischen und mit Salz und Pfeffer würzen. Die Kaninchenrücken mit der Farce bestreichen und die Kaninchennieren darauflegen. Die Kaninchenrücken zusammenrollen und in das Schweinenetz einwickeln. Mit Küchenzwirn zusammenbinden.

Die Rücken in Öl rundum anbraten, auf Alufolie setzen, Thymian und Rosmarin dazulegen und 6 Minuten im vorgeheizten Backofen bei 220 Grad braten. Danach 10 Minuten ruhen lassen. Das Fett abgießen, den Bratensatz mit dem Kaninchenfond ablöschen und um die Hälfte reduzieren. Die Sauce mit dem Fine champagne, Salz und Zitronensaft abschmecken, mit Pfeilwurzelmehl leicht binden.

Den Krautkopf in reichlich kochendes Salzwasser geben, nach 5 Minuten herausnehmen und 8 schöne Blätter ablösen, den Rest anderweitig verwenden. Die einzelnen Blätter weitere 5 Minuten garen, dann vier davon in Julienne schneiden, mit der Gemüsejulienne mischen, salzen, pfeffern und auf die vier restlichen Krautblätter geben. Mit Hilfe eines Tuches kleine Krautwickel drehen, auf ein gebuttertes Stück Alufolie setzen und in dem auf 180 Grad vorgeheizten Backofen 5 Minuten garen; zwischendurch mit Butter bestreichen.

Die Kaninchenrückenrollen in Scheiben schneiden, auf Tellern anrichten, mit der Sauce nappieren und die Krautwickelchen danebensetzen.

Kaninchenrücken mit seiner gelackten Leber und roten Nudeln

ZUTATEN

1 kleine rote Bete, 200 g Nudelteig (Rezept siehe Seite 203, Ravioliteig), 6 EL Butter, 200 g Kaninchenrückenfilet, 100 g Kaninchenleber, Salz, Pfeffer aus der Mühle, 4 EL Lack (Rezept siehe Seite 220), 1 Schalotte, 4 EL Geflügelfond (Rezept siehe Seite 217)

ZUBEREITUNG

Die rote Bete in 20 Minuten sehr weich kochen, schälen und pürieren. Das Mus auf 2 EL einkochen.

Den Nudelteig zubereiten und mit dem Rote-Bete-Mus färben. Den Teig gut ausrollen und zu schmalen Bandnudeln schneiden.

Von der Butter 4 EL in einer Pfanne erhitzen, den Kaninchenrücken und die Leber darin kurz anbraten. Dann auf Alufolie setzen und im auf 220 Grad vorgeheizten Backofen 3 Minuten garen. Salzen und pfeffern.

Den Lack zubereiten. Das Bratfett aus der Pfanne weggießen und den Lack zufügen, erhitzen und die Leber darin schwenken.

Die Schalotte schälen und in 2 EL Butter glasig dünsten. Mit Geflügelfond ablöschen und die Nudeln darin schwenken. Mit einer Gabel aufrollen und auf Teller verteilen.

Die Kaninchenleber dazu anrichten, das Rückenfilet quer zur Faser in schmale Scheiben schneiden und dazulegen.

Schwarzwurzeln mit Ochsenschwanzragout im japanischen Lack

ZUTATEN

*8 Stück mittlere Scheiben Ochsenschwanz,
3 EL Öl, 200 g Mirepoix
von Möhre, Lauch, Sellerie, Zwiebel, 2 EL Tomatenmark,
½ l Rotwein, 1 dl Portwein, 5 cl Cognac,
5 cl Malzbier, 20 g Honig, 20 g Aprikosenmarmelade, 15 g Tomatenmark,
1 cl Sherryessig, Salz, schwarzer Pfeffer
aus der Mühle, 600 g Schwarzwurzeln, Zitronensaft, etwas Mehl,
1 Schalotte, 2 EL Butter,
3 EL Geflügelfond (Rezept siehe Seite 217),
Salz, Salbei zum Garnieren*

ZUBEREITUNG

Die Ochsenschwanzstücke in dem Öl kräftig anbraten. Das überschüssige Fett abgießen. Die Mirepoix hinzugeben und nochmals kräftig durchschwenken. Das Tomatenmark zufügen, mit dem Rotwein und dem Portwein ablöschen. Den Cognac dazugießen. 2 l Wasser aufgießen und den Ochsenschwanz zugedeckt 1 Stunde schmoren (im Schnellkochtopf 20 Minuten auf Stufe II). In der Zwischenzeit aus Malzbier, Honig, Aprikosenmarmelade, Tomatenmark, Sherryessig, Salz und Pfeffer den Lack herstellen und einmal aufkochen lassen.
Das Mark aus den Ochsenschwanzscheiben stechen, das Fleisch von den Knochen lösen und in den heißen Lack legen, 20 Minuten ziehen lassen.

Die Schwarzwurzeln schälen und in Zitronenwasser mit etwas Mehl und Salz 20 Minuten kochen (im Schnellkochtopf 6 Minuten auf Stufe II). Die Wurzeln in schräge Scheiben schneiden.
Die Schalotte schälen, fein hacken und mit den Schwarzwurzeln in 2 EL Butter und dem Geflügelfond 5 Minuten anschwenken, mit Salz und Zitronensaft würzen.
Die Schwarzwurzeln auf vier Teller verteilen und die gelackten Ochsenschwanzstücke darauflegen. Mit Salbeiblättchen garnieren.

Gefüllter Milchferkelrücken mit Kartoffelpüree und Champagnerkraut

ZUTATEN

600 g Milchferkelrücken, Salz, Pfeffer aus der Mühle, 200 g Weißbrot, 50 g Kalbsleber, 1 Mango, ½ Bund Petersilie, 2 Eier, 1 EL Butter, 1 TL Majoran, 1 Schweinenetz (beim Metzger vorbestellen), 200 g Weißkraut, 1 EL Schweineschmalz, 1 dl Traubensaft, 1 dl Champagner, 1 dl Geflügelfond (Rezept siehe Seite 217), 1 Zwiebel, gespickt mit 1 Nelke und 1 Lorbeerblatt, 1 EL Pfeilwurzelmehl, 500 g Kartoffeln (La Ratte oder Bamberger Hörnchen), 1 dl Milch, 30 g Butter, 1 Prise Muskat (frisch gerieben), 4 EL Olivenöl, ¼ l trockener Rotwein, 1 dl Kalbsfond (Rezept siehe Seite 218), 40 g Butter

ZUBEREITUNG

Den Milchferkelrücken längs einschneiden, auseinanderklappen und gut plattieren. Mit Salz und Pfeffer würzen. Das Weißbrot entrinden, klein würfeln und in einer beschichteten Pfanne kurz trockenrösten, aber keine Farbe nehmen lassen. Die Leber klein würfeln. Die Mango schälen, entkernen, 30 g abwiegen und klein würfeln, den Rest anderweitig verwenden. Die Petersilie abbrausen, abzupfen und fein hacken. Weißbrotwürfel, Leber, Mango, Petersilie, Eier und 1 EL Butter in einer Schüssel gut mischen. Die Masse mit Salz, Pfeffer und Majoran würzen, auf dem Milchferkelrücken verteilen und zusammenrollen.

Die Rolle in das Schweinenetz hüllen und mit Küchenzwirn zusammenbinden.

Das Weißkraut vom Strunk befreien, in sehr feine Streifen schneiden und waschen. Das Schweineschmalz erhitzen, das Kraut kurz darin schwenken und mit Traubensaft, Champagner und Geflügelfond aufgießen. Die gespickte Zwiebel zufügen, salzen und pfeffern. Zugedeckt 30 Minuten garen (im Schnellkochtopf 8 Minuten auf Stufe I). Dann mit Pfeilwurzelmehl binden und abschmecken.

Die Kartoffeln schälen und in wenig Salzwasser 30 Minuten garen (im Schnellkochtopf 9 Minuten auf Stufe I). Die Kartoffeln schälen, durch die Presse drücken, mit Milch und Butter aufschlagen und mit Salz und Muskat abschmecken.

Den Milchferkelrücken in einem Bräter in heißem Olivenöl rundum anbraten, herausnehmen und auf ein mit Alufolie ausgeschlagenes Blech setzen. Im auf 220 Grad vorgeheizten Backofen 8 – 10 Minuten braten. Herausnehmen und zugedeckt 10 Minuten ruhen lassen.

Den Bratensaft in den Bräter gießen, aufkochen, mit Wein ablöschen und fast einkochen lassen. Mit Kalbsfond aufgießen, um zwei Drittel reduzieren, mit Butter montieren, abschmecken und die Sauce durch ein Sieb gießen.

Den Rücken in Scheiben schneiden und mit dem Kartoffelpüree und Champagnerkraut anrichten. Mit der Sauce nappieren.

Als Beilage passen Pilze wie Pfifferlinge, Steinpilze oder Maipilze.

Crépinettes von Kaninchenrücken mit Kaviar und Kartoffelpüree

ZUTATEN

*50 g Kaninchenfilet, 40 g Sahne, Salz,
Pfeffer aus der Mühle,
2 Kaninchenrücken, 4 Kaninchenlebern, 6 EL Butter,
1 Schweinenetz, gewässert,
200 g festkochende Kartoffeln, 4 EL Sahne, Muskat, ½ Schalotte,
5 cl Noilly Prat, 1 dl Weißwein,
60 g Butter, Zitronensaft, 50 g Beluga-Kaviar,
1 Bund Majoran*

ZUBEREITUNG

Das Kaninchenfilet durch den Fleischwolf drehen, dann mit der Sahne im Mixer pürieren, mit Salz und Pfeffer würzen und durch ein feines Sieb streichen.
Die Kaninchenrücken auslösen, der Länge nach halbieren und den Bauchlappen daranlassen. Die Fettstückchen abzupfen. Die Kaninchenrücken rundum salzen, pfeffern und mit der Farce einstreichen.
Die Kaninchenlebern in 2 EL Butter kurz rundum anbraten und auf die Rücken setzen, diese zu einer Rolle formen. Das Schweinenetz vierteln und je eine Rolle damit einhüllen. Mit Küchenzwirn zusammenbinden.
Die Kartoffeln in 30 Minuten weich kochen, schälen, durch die Presse drücken und mit 2 EL Butter und 4 EL Sahne aufschlagen, salzen und mit Muskat abschmecken.

Die Schalotte schälen, fein hacken und mit Noilly Prat und dem Weißwein um die Hälfte reduzieren. Mit der kalten Butter aufschlagen und die Sauce mit Salz und Zitronensaft abschmecken. Zum Schluß den Kaviar einstreuen, dann nicht mehr kochen.
Die Kaninchenrollen (Crépinettes) in den restlichen 2 EL Butter anbraten, dabei leicht Farbe nehmen lassen. Anschließend in den auf 220 Grad vorgeheizten Backofen geben und in 4 Minuten fertig garen. Herausnehmen und zugedeckt 5 Minuten ruhen lassen. In schmale Scheiben schneiden.
Das Püree mit den Crépinettes auf Teller verteilen und mit der Kaviarsauce nappieren. Mit Majoranblättchen garnieren.

Wildhasenrücken mit Schafseckpilzen im Pomelo-Nage

ZUTATEN

*500 g Hasenrücken, 5 EL Butter, Salz,
Pfeffer aus der Mühle,
4 EL Hasenglace (Rezept siehe Seite 221), 1 EL Pomelo-Chutney
(Rezept siehe Seite 213), 400 g Schafseckpilze,
1 Schalotte, 4 EL Geflügelfond (Rezept siehe Seite 217),
Zitronensaft, 1 Bund Schnittlauch*

ZUBEREITUNG

Den Hasenrücken in 2 EL Butter rundum anbraten, salzen, pfeffern und auf Alufolie im auf 220 Grad vorgeheizten Backofen 4 Minuten garen. Herausnehmen und zugedeckt ruhen lassen.

Das überschüssige Bratfett weggießen, mit Hasenglace ablöschen, Pomelo-Chutney unterrühren, aufkochen, mit Salz und Pfeffer abschmecken.

Die Pilze putzen, die Schalotte schälen und fein hacken. Mit den Pilzen in 3 EL Butter braten, mit Geflügelfond begießen und weitere 4 Minuten ziehen lassen. Mit Salz und Zitronensaft würzen. Den Schnittlauch abbrausen, kleinschneiden und einstreuen.

Die Pilze auf vier Teller verteilen, den Hasenrücken quer zur Faser in schmale Scheiben schneiden, darauf anrichten und mit der Sauce nappieren.

Rosa pochierter Rehkitzrücken mit wildem Spargel in Sanshopfeffer

ZUTATEN

*400 g Rehkitzrücken, 1 Zwiebel, 1 Lorbeerblatt,
1 Nelke, 1 dl Margaux (roter Bordeaux), 5 cl Portwein,
¼ l Rehfond (Rezept siehe Seite 225),
1 TL Sansho (aromatischer japanischer Chilipfeffer), Salz, 1 Bund wilder
Spargel, 80 g Butter, 2 EL Geflügelfond
(Rezept siehe Seite 217), Zitronensaft, 1 Schalotte,
5 EL Rehglace (Rezept siehe Seite 225)*

ZUBEREITUNG

Den Rehkitzrücken parieren und das dünne Häutchen abziehen.

Die Zwiebel schälen und mit Lorbeerblatt und Nelke spicken. Mit dem Margaux, dem Portwein, dem Rehfond, einer Prise Sansho und Salz in einen Topf geben. Den Rehkitzrücken auf einen Siebeinsatz legen, in den Topf stellen, aufkochen und zugedeckt im Dampf 10 Minuten garen (im Schnellkochtopf 3 Minuten auf Stufe I). Den Rehkitzrücken in Alufolie packen und gut 5 Minuten ruhen lassen.

Den Spargel waschen und die Enden entfernen. In 20 g Butter andünsten, mit Geflügelfond aufgießen und 5 Minuten garen. Salzen und mit Zitronensaft abschmecken.

Den Pochierfond durch ein Sieb gießen und 1 dl abmessen. Die Schalotte schälen, fein hacken und mit dem Pochierfond und der Rehglace um die Hälfte reduzieren. Mit 60 g kalter Butter zur Sauce aufschlagen und abschmecken.

Den Rehkitzrücken mit Sanshopfeffer würzen und quer zur Faser in dünne Scheiben schneiden. Den Spargel auf vier Teller verteilen, den Rehkitzrücken darauf anrichten und mit der Sauce nappieren.

Aiguillettes von Rehrücken und Rehleber mit getrüffeltem Rosenkohl

ZUTATEN

*200 g Rosenkohl, Salz,
400 g Rehfilets, 400 g Rehleber, 4 EL Butter,
Pfeffer aus der Mühle, 1 dl Rotwein,
2 cl Madeira, ½ l Rehfond (Rezept siehe Seite 225), 50 g schwarze
Trüffel aus der Dose, ½ EL Schnittlauchröllchen,
1 Schalotte, 1 TL Zitronensaft,
2 EL Geflügelfond (Rezept siehe Seite 217)*

ZUBEREITUNG

Den Rosenkohl in Blättchen teilen, in kochendem Salzwasser kurz blanchieren und gut abtropfen lassen.
Die Rehfilets und die Rehleber mit 3 EL Butter in 6–8 Minuten rosa braten, salzen und pfeffern. In Alufolie packen und 3 Minuten nachziehen lassen. Den Bratensatz mit Rotwein und Madeira loskochen und fast ganz einkochen lassen. Mit Rehfond aufgießen und gut um die Hälfte reduzieren.
Die Trüffel in Julienne schneiden, den Saft in die Sauce geben. Die Schalotte schälen, fein hacken und in 1 EL Butter weich dünsten. Den Geflügelfond zufügen, mit Salz, Pfeffer und Zitronensaft abschmecken. Die Rosenkohlblätter darin schwenken, mit Schnittlauch bestreuen.
Das Rehfilet und die -leber in sehr feine Scheiben schneiden. Auf vier vorgewärmten Tellern anrichten, mit der Sauce überziehen und mit Trüffeljulienne und Rosenkohl bestreuen.

Wildschweinnüßchen mit Beaujolaisnudeln und warmer Feige

ZUTATEN

*200 g Nudeln (Rezept siehe Seite 203, Ravioliteig),
1 Schalotte, 1 dl Beaujolais Villages,
5 cl Portwein, 100 g eiskalte Butter, 1 Wildschweinkitzrücken
von ca. 600 g, 3 EL Butter,
schwarzer Pfeffer aus der Mühle, 2 frische Feigen*

ZUBEREITUNG

Die Nudeln zubereiten wie im Rezept auf Seite 203 beschrieben.

Die Nudeln in reichlich Salzwasser al dente kochen, eiskalt abschrecken und gut abtropfen lassen.

Die Schalotte schälen, fein hacken und mit Beaujolais Villages und Portwein fast ganz einkochen. Dann die Butter unterschlagen. Die Reduktion abschmecken.

Das Fleisch in 12 Nüßchen schneiden und kurz in Butter beidseitig braten.

Ein Blech mit Alufolie auslegen und das Fleisch nebeneinander darauflegen. Die Feigen dazugeben. Im auf 220 Grad vorgeheizten Backofen 4 Minuten ziehen lassen. Inzwischen die Nudeln in der Reduktion schwenken, dann mit dem Fleisch, der restlichen Sauce und den Feigen anrichten.

Innereien

Primeurs mit Lammbriesnüßchen und Trauben

ZUTATEN

1 Lammbries von ca. 250 g (beim Metzger vorbestellen), je 1 kleine rote, grüne und gelbe Paprika, 1 kleiner Zucchino, 50 g Prinzeßböhnchen, Salz, 50 g Stockschwämmchen, 30 g weiße Trauben, 1 Schalotte, 4 EL Butter, Pfeffer aus der Mühle, 5 EL Crème fraiche, ¼ l Lammfond (Rezept siehe Seite 226), 1 EL geschlagene Sahne, 4 Blüten von Kapuzinerkresse

ZUBEREITUNG

Das Lammbries häuten, 2 Stunden wässern. Dann in kaltem Salzwasser aufsetzen, langsam aufkochen und herausnehmen. In Röschen teilen.
Die Paprikaschoten waschen, vom Kernhaus befreien und klein würfeln.
Den Zucchino waschen, vom Stengelansatz befreien und ebenso wie die Paprikaschoten schneiden.
Die Böhnchen waschen und die Enden abknipsen. In Größe der anderen Gemüse schneiden. Dann alles in kochendem Salzwasser blanchieren, eiskalt abschrekken und gut abtropfen lassen.
Die Stockschwämmchen putzen und abbrausen.
Die Trauben kurz in kochendes Wasser geben, eiskalt abschrecken, häuten und entkernen.

Die Schalotte schälen, fein hacken und in 1 EL Butter weich dünsten. Die Gemüse zufügen, kurz andünsten, salzen, pfeffern und die Crème fraiche untermischen. Mit Zitronensaft abschmecken.
Den Lammfond um zwei Drittel einkochen.
Das Bries in 2 EL schäumender Butter schwenken, salzen und pfeffern. Mit dem Lammfond ablöschen.
Die Trauben mit der Schlagsahne unter das Gemüse heben.
Das Gemüse mit den Lammbriesnüßchen anrichten und je eine Kapuzinerkressenblüte dazulegen.

Morcheln mit grünem Spargel und Kalbshirnnüßchen

ZUTATEN

*200 g Kalbshirn, 400 g grüner Spargel, Salz,
Zitronensaft, 100 g Morcheln,
2 gespickte Zwiebeln (mit je 1 Nelke und 1 Lorbeerblatt),
2 cl Cognac,
2 cl Madeira, 2 Schalotten, 4 EL Butter, 8 EL Geflügelfond
(Rezept siehe Seite 217),
1 Bund Schnittlauch, 5 cl Noilly Prat,
1 dl Weißwein,
60 g Butter, 1 Bund Pimpernelle*

ZUBEREITUNG

Das Kalbshirn 2 Stunden wässern.
Den Spargel waschen, falls nötig, die Enden schälen. In kochendem Salzwasser mit Zitronensaft 8 – 10 Minuten garen. Herausnehmen.
Die Morcheln sehr gut waschen. Große halbieren oder vierteln. Eine gespickte Ziebel mit Cognac, Madeira und ½ l Wasser aufkochen und die Morcheln darin 3 Minuten garen. Herausnehmen.
Die Schalotten schälen. Eine davon in 2 EL Butter mit den Morcheln 3 Minuten dünsten. 4 EL Geflügelfond zufügen. Mit Salz und Zitronensaft abschmecken. Den Schnittlauch abbrausen, kleinschneiden und einstreuen.

Die zweite gespickte Zwiebel in Salzwasser aufkochen und das Kalbshirn darin 5 Minuten blanchieren. In Nüßchen zupfen und in 2 EL Butter und 4 EL Geflügelfond 5 Minuten dünsten.
Die zweite Schalotte mit Noilly Prat und Weißwein um die Hälfte reduzieren. Die kalte Butter unterschlagen und die Sauce mit Salz und Zitronensaft abschmecken.
Den Spargel erwärmen und auf Teller legen. Das Kalbshirn und die Morcheln darauf verteilen, mit der Sauce nappieren und mit Pimpernellblättchen garnieren.

Kuttel-Pot-au-feu im Tomatennage

ZUTATEN

*100 g Schmalzteig (Rezept siehe Seite 204),
400 g Fleischtomaten
1 Bund Basilikum, 1 Knoblauchzehe, 1 l Rinderconsommé,
3 Eiweiß, je ca. 30 g Brokkoli,
Möhre, Sellerie und Lauch, Salz, 200 g
gegarte Kutteln*

ZUBEREITUNG

Den Schmalzteig zubereiten und bis zum Gebrauch kalt stellen.

Die Tomaten waschen, quer halbieren, entkernen und grob zerschneiden. Das Basilikum abbrausen und den Knoblauch schälen. Alles in einen Topf geben, mit Rinderbrühe aufgießen und aufkochen. Sud abkühlen lassen, mit dem Eiweiß ganz langsam aufkochen und den Schaum abschöpfen (klären). Durch ein feines Sieb gießen.

Das Gemüse je nach Sorte putzen oder schälen, kleinschneiden und in kochendem Salzwasser bißfest garen, kalt abschrecken und gut abtropfen lassen.

Die Kutteln in sehr feine Streifen schneiden und mit der Rinderconsommé und dem Gemüse in vier feuerfeste kleine Terrinenförmchen mit Deckel, Inhalt je ¼ Liter (siehe Foto), verteilen. Den Teig ausrollen und vier Kreise in Größe der Terrinenförmchen ausstechen. Die Teigkreise als Deckel auf die Terrinenförmchen setzen und die Ränder festdrücken. Im auf 250 Grad vorgeheizten Backofen 6 – 7 Minuten backen.

Samt Deckel servieren, er wird bei Tisch geöffnet.

Tempura von Okra mit schwarzen Bohnen und Briesnüßchen

ZUTATEN

*200 g Kalbsbries, Salz, 1 Zwiebel, gespickt
mit 1 Nelke und 1 Lorbeerblatt, 4 EL schwarze Bohnen
(getrocknet), 1 kleine Schalotte,
4 EL Butter, 2 EL heller Geflügelfond (Rezept siehe Seite 217), etwas
helle Sojasauce, 4 cl Sherry (fino),
2 cl Kalbsjus (Rezept siehe Seite 218, Kalbsfond), 10-12 Stück Okra,
etwas Mehl, 1 dl Tempurateig
(Rezept siehe Seite 204), ¼ l Olivenöl*

ZUBEREITUNG

Kalbsbries enthäuten und ca. 2 Stunden wässern. In kaltem Salzwasser mit der gespickten Zwiebel aufsetzen und aufkochen lassen. Im Kochwasser auskühlen lassen, dann das Bries in Nüßchen zupfen.

Die schwarzen Bohnen in Wasser 15 Minuten garen (im Schnellkochtopf ca. 3 – 4 Minuten auf Stufe I). Die Schalotte schälen, fein hacken und in 2 EL Butter mit den Bohnen kurz andünsten. Geflügelfond, Sojasauce und Sherry zugießen.

Die restliche Butter erhitzen, die Briesnüßchen darin schwenken, salzen, mit Kalbsjus ablöschen und gut durchkochen.

Die Okra waschen, halbieren und entkernen. Leicht in Mehl wenden, durch den Tempurateig ziehen und in heißem Öl ausbacken. Auf Küchenkrepp abtropfen lassen und würzen.

Die Bohnensauce auf die Teller geben und die Briesnüßchen darauf arrangieren. Dazu die gebackenen Okra geben.

Spargelsalat mit Kalbsbriesnüßchen in Sesam

ZUTATEN

*400 g Kalbsbries, 1 Zwiebel, 1 Lorbeerblatt,
1 Nelke, Salz,
400 g weißer Spargel, 5 EL Butter, ½ TL Zucker, 100 g Sesam,
1 EL Balsamico,
1 EL Weißwein, Pfeffer aus der Mühle,
2 EL Olivenöl,
1 Bund Bachkresse*

ZUBEREITUNG

Das Kalbsbries häuten und 2 Stunden kalt wässern. Die Zwiebel schälen und mit Lorbeerblatt und Nelke spikken. Mit dem Bries in einen Topf geben, mit ca. 1 l kaltem Wasser übergießen, salzen und langsam aufkochen lassen. Das Bries in dem Sud auskühlen lassen und anschließend in Röschen zupfen.

Den Spargel schälen und mit 2 EL Butter, Zucker und einer Prise Salz in wenig Wasser etwa 15 Minuten garen (im Schnellkochtopf mit 1 Tasse Wasser 4 Minuten auf Stufe I).

Den Sesam in den Mixer geben und zu Puder mahlen.

Aus Balsamico, Weißwein, Salz, Pfeffer und Olivenöl eine Vinaigrette rühren.

Die restliche Butter erhitzen und die Briesröschen zufügen. Salzen, pfeffern, mit dem Sesampuder bestreuen und durchschwenken.

Die Bachkresse waschen und von den Stengeln befreien, in der Vinaigrette wenden.

Den Spargel auf vier Tellern verteilen, die Briesnüßchen darüberstreuen und den Bachkressesalat als Büschel danebensetzen.

Piccata von Kalbsbries mit Selleriemus und Beurre Hermitage

ZUTATEN

*1 Kalbsbries von ca. 600 g,
ca. ½ l Geflügelfond (Rezept siehe Seite 217),
1 Sellerieknolle von ca. 400 g,
1 Schalotte, 1 EL Butter, 1 dl Portwein, 5 dl Hermitage (rot), 250 g kalte
Butter, Salz, Pfeffer aus der
Mühle, 1 EL Crème fraîche, 2 TL Zitronensaft,
1 Ei, 200 g feines Paniermehl*

ZUBEREITUNG

Das Kalbsbries häuten und 2 Stunden wässern. Anschließend mit kaltem Geflügelfond aufsetzen, aufkochen, herausnehmen und ganz auskühlen lassen.
Die Sellerieknolle schälen, in Würfel schneiden und knapp mit Wasser bedeckt in ca. 45 Minuten weich kochen.
Die Schalotte schälen, fein hacken und in 1 EL heißer Butter weich dünsten. Mit Portwein und Hermitage ablöschen und um die Hälfte reduzieren. Mit 125 g eiskalter Butter aufschlagen. Mit Salz und Pfeffer abschmecken.

Den Sellerie mit Crème fraîche und Zitronensaft in den Mixer geben und 10 Minuten (!!) durchmixen, damit das Püree schön weiß wird. Mit Salz und Pfeffer abschmecken.
Das Bries in Scheiben schneiden. Das Ei verquirlen, die Scheiben durchziehen und anschließend im Paniermehl wenden. Die restliche Butter aufschäumen und die Scheiben darin goldgelb braten. Salzen und pfeffern. Das Selleriepüree als Nocken mit dem Bries anrichten und mit der Beurre Hermitage umgießen.

Kaninchenleber mit Artischocke und Enoki in Fleurie-Sahne

ZUTATEN

*2 Artischocken, 1 dl Essig,
1 Tüte Enokipilze,
2½ Schalotten, 20 g Butter, 6 cl Geflügelfond
(Rezept siehe Seite 217),
Salz, Zitronensaft, 2 dl Beaujolais (Fleurie), 5 cl roter
Portwein, 5 cl Noilly Prat,
1 dl Weißwein, 2 dl Geflügelfond, 1 dl Sahne,
320 g Kaninchenleber*

ZUBEREITUNG

Die Artischocken in Essigwasser 15 Minuten kochen. Die Böden auslösen und in Ecken schneiden. Die Enokipilze putzen. 1 Schalotte schälen, fein hacken und in 1 EL Butter mit den Artischockenecken, den Enokipilzen und dem Geflügelfond 7 Minuten dünsten. Mit Salz und Zitronensaft abschmecken.
Eine Schalotte schälen, fein hacken und mit Beaujolais und Portwein fast ganz einkochen.
Die halbe Schalotte schälen, fein hacken und mit Noilly Prat, Weißwein und Geflügelfond fast ganz einkochen. Die Sahne zugießen und um die Hälfte reduzieren. Die Beaujolaissauce unterrühren und mit Salz und Zitronensaft abschmecken.
Die Kaninchenleber putzen und die Äderchen herausschneiden. Restliche Butter aufschäumen, Kaninchenleber darin rundum anbraten, so daß die Leber noch rosa bleibt. Auf Küchenkrepp kurz abtropfen lassen und leicht salzen.
Die Pilz-Artischocken-Mischung auf vier Teller verteilen und die Kaninchenleber darauf anrichten. Mit der Sauce nappieren.

Kalbshirn mit Trompetenpfifferlingen und Bärlauch

ZUTATEN

*200 g Kalbshirn, Salz, 1 Zwiebel, gespickt mit
1 Nelke und 1 Lorbeerblatt,
1 dl Weißwein, 100 g Trompetenpfifferlinge, 2 Schalotten, 8 EL Butter,
8 EL Geflügelfond (Rezept
siehe Seite 217), Zitronensaft, 1 Bund Bärlauch,
1 Bund Schnittlauch, 4 cl Kalbsglace (Rezept siehe Seite 218)*

ZUBEREITUNG

Das Kalbshirn häuten und 2 Stunden wässern. Salzwasser mit der gespickten Zwiebel und dem Weißwein aufkochen und das Kalbshirn darin 4 Minuten blanchieren.

Die Trompetenpfifferlinge putzen und abbrausen. Die Schalotten schälen und fein hacken. Eine davon in 2 EL Butter kurz dünsten. Die Trompetenpfifferlinge zufügen, die Hälfte des Geflügelfonds angießen und 8 Minuten dünsten. Mit Salz und Zitronensaft abschmecken. Den Bärlauch und den Schnittlauch abbrausen. Vom Bärlauch 4 Blätter zum Garnieren beiseite legen, den Rest in feine Streifen schneiden. Den Schnittlauch kleinschneiden und mit dem Bärlauch unter die Pilze mischen.

Die zweite Schalotte in 2 EL Butter andünsten, restlichen Geflügelfond und das Kalbshirn zufügen und 5 Minuten dünsten, salzen. Das Kalbshirn aus der Pfanne nehmen und warm stellen. Das Fett abgießen und die Kalbsglace zufügen. Aufkochen, mit der restlichen Butter aufschlagen und abschmecken. Sauce durch ein Sieb passieren.

Die Trompetenpfifferlinge auf Teller verteilen, das Kalbshirn darauf anrichten und mit der Sauce nappieren. Mit den Bärlauchblättern garnieren.

Geschmälzte Kalbsbriesnüßchen in Limettenbrioche mit Tempura von Okra

ZUTATEN

250 g Kalbsbries, Salz, 1 Zwiebel, gespickt mit 1 Nelke und 1 Lorbeerblatt, 1 großes Mangoldblatt, 200 g Okra, 50 g Tempurateig (Rezept siehe Seite 204), 3 EL Mehl, ¼ l Olivenöl, 5 EL Butter, 30 g feine Brösel aus Brioche, ½ TL Limettenabrieb (von der Schale einer unbehandelten Limette), 1 Schalotte, etwas Geflügelfond (Rezept siehe Seite 217), ¼ l trockener Weißwein, 4 cl Noilly Prat, 50 g kalte Butter, Kerbel oder Daikonkresse zum Garnieren

ZUBEREITUNG

Das Bries enthäuten, 2 Stunden wässern, in kaltem Salzwasser mit der gespickten Zwiebel aufsetzen, aufkochen lassen und im Fond auskühlen lassen. Das Bries in Nüßchen zupfen.

Den Mangold abbrausen. Den Stiel des Mangolds schälen und in feine Streifen schneiden. Das Blatt anderweitig verwenden. Die Okras der Länge nach halbieren und die Kerne entfernen. Den Tempurateig herstellen. Okras leicht mehlieren und durch den Tempurateig ziehen. Im heißen Öl portionsweise ausbacken. Auf Küchenkrepp abtropfen lassen.

3 EL Butter erhitzen und die Kalbsbriesnüßchen darin schwenken. Das Fett abgießen und die Brösel mit dem Limettenabrieb in die Pfanne geben und gut durchschwenken, salzen.

Die Schalotte schälen, fein hacken und die Hälfte in 2 EL Butter und dem Geflügelfond dünsten. Die Mangoldstreifen 5 Minuten zufügen, salzen.

Die restliche Schalotte mit Weißwein und Noilly Prat um die Hälfte reduzieren, salzen und die eiskalte Butter unterschlagen, durchmixen.

Die Mangoldstreifen auf Teller verteilen, die Briesnüßchen darauf anrichten und mit der Beurre blanc angießen, die Okra danebenlegen. Mit Kerbel oder auch gezupfter Daikonkresse garnieren.

Nüßchen von der Kalbsniere in Feigensenfsauce

ZUTATEN

*480 g Kalbsniere, 3 EL Butter,
Salz, Pfeffer aus der Mühle, 400 g La-Ratte-Kartoffeln,
1 dl Milch, 20 g Butter,
1 Msp Muskat, Salz, 2 EL geschlagene Sahne, 1 Schalotte,
1 dl Weißwein, 5 cl Noilly Prat,
60 g Butter, Salz, Zitronensaft, 1 TL Feigensenf,
Salbeiblüten, wenn vorhanden*

ZUBEREITUNG

Die Kalbsnieren putzen und das Nierenfett herausschneiden. Die Nieren in Nüßchen schneiden. Die Nüßchen in aufschäumender Butter anschwenken, salzen, pfeffern und ca. 3 Minuten braten. Dann die Nüßchen in ein Sieb geben und auf eine Schüssel setzen. Den Fleischsaft und das Blut abtropfen lassen.
Die Kartoffeln in 30 Minuten weich kochen, schälen und durch die Kartoffelpresse drücken. Milch und Butter untermischen. Mit Muskat und Salz würzen und die Schlagsahne unterheben.

Die Schalotte schälen, fein hacken und mit Weißwein und Noilly Prat um die Hälfte reduzieren. Mit der Butter aufschlagen und gut durchmixen. Mit Salz und Zitronensaft abschmecken. Den Feigensenf unterrühren.
Vom Kartoffelpüree einen kleinen Spiegel auf die Teller gießen. Die Nieren daraufsetzen und mit der Sauce knapp nappieren.
Als Garnitur kann man je eine Salbeiblüte dazulegen.

Kalbshirn
»Allgäuer Art« mit Bergkäse und Tomate

ZUTATEN

*300 g Kalbshirn, Salz, 1 dl Weißwein,
1 Zwiebel, gespickt
mit 1 Nelke und 1 Lorbeerblatt, 1 kleiner Zucchino,
8 EL Butter, 4 EL Geflügelfond
(Rezept siehe Seite 217), Zitronensaft, 2 Gartentomaten, 2 TL Olivenöl,
1 Bund Basilikum,
1 Knoblauchzehe, 1 Schalotte, ¼ l Weißwein,
5 cl Noilly Prat,
60 g Butter, 100 g Bergkäse in
4 Scheiben*

ZUBEREITUNG

Das Kalbshirn enthäuten und 2 Stunden wässern. Dann in Salzwasser mit dem Weißwein und der gespickten Zwiebel 4 Minuten blanchieren. Herausheben und beiseite stellen.

Den Zucchino in Julienne schneiden und in 2 EL Butter und 2 EL Geflügelfond dünsten. Mit Salz und Zitronensaft würzen.

Die Tomaten brühen, häuten, entkernen und das Fruchtfleisch in Würfel (concassée) schneiden. In Öl leicht andünsten. Basilikum abbrausen, Blättchen von den Stengeln zupfen, fein hacken und zufügen. Knoblauch schälen und darüber pressen, salzen.

Die Schalotte schälen, fein hacken und mit Weißwein und Noilly Prat um die Hälfte reduzieren. Mit der Butter aufschlagen und mit Salz und Zitronensaft würzen.

Das Kalbshirn in 2 EL Butter und dem restlichen Geflügelfond anschwenken und salzen.

Auf Tellern die Zucchinistreifen anrichten, das Hirn daraufsetzen und mit dem Tomatenconcassée garnieren. Je eine Scheibe Bergkäse darauflegen und den Käse unter dem Grill leicht zerlaufen lassen. Dann mit der Beurre blanc nappieren und mit dem restlichen Basilikum garnieren.

Kalbshirnkrusteln mit leichtem Selleriemus in Jurançon

ZUTATEN

*200 g Kalbshirn, Salz, ¼ l Weißwein,
1 Zwiebel, gespickt
mit 1 Nelke und 1 Lorbeerblatt, ¼ l Tempurateig
(Rezept siehe Seite 204),
1 Stück Sellerieknolle (groß), 80 g Butter, 1 dl Sahne,
Zitronensaft, 1 Schalotte,
2 dl Jurançon (Weißwein), 5 cl Noilly Prat,
1 l neutrales Öl,
etwas Mehl, 1 Bund Kerbel*

ZUBEREITUNG

Das Kalbshirn enthäuten und 2 Stunden wässern. In Salzwasser mit dem Weißwein und der gespickten Zwiebel 4 Minuten blanchieren.

Den Tempura-Teig zubereiten und sehr kühl stellen. Den Teig recht dünnflüssig halten.

Die Sellerieknolle schälen und waschen. In kleine Stücke schneiden und in 40 Minuten (im Schnellkochtopf 12 Minuten auf Stufe II) ganz weich kochen. Die Stücke herausnehmen und in einem Tuch kräftig ausdrücken. Die Masse dann in den Mixer geben und so lange mit 20 g Butter und der Sahne mixen, bis das Mus ganz weiß ist. Je länger man mixt, desto weißer wird es. Mit Salz und Zitronensaft würzen.

Die Schalotte schälen, fein hacken und mit Weißwein (Jurançon) und Noilly Prat um die Hälfte reduzieren. Mit 60 g Butter aufschlagen, mit Salz und Zitronensaft abschmecken.

Das Öl erhitzen. Das Kalbshirn in Nüßchen von ca. 15 g teilen, salzen, einzeln in Mehl wenden und durch den Tempura-Teig ziehen. Im Öl goldbraun ausbacken. Auf Küchenkrepp abtropfen lassen.

Den Kerbel abbrausen. Das Selleriepüree auf Teller verteilen und die Kalbshirnkrusteln darauf anrichten. Mit der Jurançon-Beurre-blanc angießen. Mit Kerbelsträußchen garnieren.

Geflügel

Taubenbrüstchen in Reispapier mit Powerade-Artischocken

ZUTATEN

*6 Powerade-Artischocken,
1 dl Weißweinessig,
1 Schalotte, 1 EL Butter, 3 dl Geflügelfond (Rezept
siehe Seite 217), Salz, 4 Taubenbrustfilets,
2 EL Öl, 4 Taubenlebern, Pfeffer aus der Mühle, 1 dl Burgunder,
2 cl Portwein, 60 g eiskalte Butter,
2 Blatt Reispapier, ⅛ l Weizenbier,
8 Salatblätter,
50 g Champignons, 3 EL Butter*

ZUBEREITUNG

Die Artischocken von den äußeren Blättern befreien, so daß das Herz übrigbleibt.
Wasser mit Weißweinessig aufkochen, die Artischocken darin 15 Minuten garen.
Die Schalotte schälen, fein hacken und in 1 EL Butter weich dünsten. Mit 1 dl Geflügelfond ablöschen. Die Artischockenherzen halbieren, darin schwenken und salzen.
Die Taubenbrüstchen in Öl rundum anbraten und zugedeckt 5 Minuten garen. Salzen, pfeffern und warm stellen.
Die Lebern im verbliebenen Fett kurz rosa braten, salzen und pfeffern. Herausnehmen. Den Bratenfond mit Burgunder und Portwein ablöschen, 2 dl Geflügelfond zufügen und um gut die Hälfte reduzieren, mit 60 g eiskalter Butter montieren.
Die Reisblätter jeweils vierteln, in Weizenbier 1 Minute einweichen und abtrocknen.
Die Salatblätter darauflegen, dann die Taubenbrüstchen und -lebern.
Die Champignons putzen, abreiben, in Julienne schneiden und daraufstreuen. Das Reispapier wie ein Päckchen um die Füllung schlagen. Die restliche Butter erhitzen und auf die angerichteten Päckchen gießen.

Gebratene Kartoffeln mit Entenleber

ZUTATEN

*400 g Kartoffeln (La Ratte), 12 Entenlebern,
1 Schalotte, 4 EL Butter,
½ l Bordeaux, ¼ l Entenfond (Rezept siehe Seite 233), Salz,
Pfeffer, Thymian, 60 g eiskalte
Butter, Thymianzweige zum Garnieren*

ZUBEREITUNG

Die Kartoffeln schälen und in 25 Minuten garen (im Schnellkochtopf in 6 Minuten bei Stufe II).
Die Entenlebern von Fett und Häutchen befreien und in die natürlichen Hälften teilen.
Die Schalotte schälen und hacken, in 2 EL Butter glasig dünsten. Die Entenlebern zufügen und rundum kurz anbraten.
Mit Bordeaux und Entenfond ablöschen, mit Salz, Pfeffer und Thymian würzen und 5 Minuten ziehen lassen.
Die Kartoffeln in 2 EL Butter schwenken, salzen.
Die Lebern aus dem Sud nehmen und kurz warm stellen.
Den Fond mit der eiskalten Butter aufschlagen.
Alles zusammen anrichten und mit Thymianzweigen garnieren.

Entenbrust mit Flageolets und Thaibohne in Yakitori-Sauce

ZUTATEN

*100 g grüne getrocknete Flageolets, 100 g violette
getrocknete Flageolets,
1 dl dunkler Geflügelfond, (Rezept siehe Seite 217), 4 cl dunkle Sojasauce,
2 cl Mirin, 1 TL Tomatenmark,
1 TL Oistersauce, 200 g Kandiszucker, ½ TL Pfeilwurzelmehl,
4 Entenbrüste (von Peking- oder Barbarieente),
2 EL Öl, Salz, Sansho (japanischer Pfeffer),
8 Thaibohnen*

ZUBEREITUNG

Die Flageolets über Nacht einweichen und extra 45 Minuten vorkochen.

Geflügelfond, Sojasauce, Mirin, Tomatenmark, Oistersauce, Kandiszucker in einen Topf geben, 10 Minuten köcheln, bis der Kandiszucker aufgelöst ist, dann mit Pfeilwurzelmehl binden.

Die Entenbrüste in heißem Öl rundum anbraten, salzen und pfeffern. Auf Alufolie im auf 220 Grad vorgeheizten Backofen 6 Minuten ruhen lassen.

Die Thaibohnen und die Flageolets in Salzwasser 10 Minuten garen.

Die Entenbrust in Scheiben schneiden, mit den Thaibohnen und den Flageolets anrichten und mit der Sauce überziehen.

Suprême vom Wildfasan mit Kalbsbries-Oliven-Füllung

ZUTATEN

*200 g Kalbsbries, Salz, ¼ l Weißwein,
1 Zwiebel, gespickt
mit 1 Nelke und 1 Lorbeerblatt, 2 Wildfasane, Pfeffer
aus der Mühle, 2 cl Armagnac,
4 cl Portwein, 1 Schalotte, 1 EL Butter, 200 g Toastbrot, 12 schwarze
Oliven, 1 Bund glatte Petersilie,
1 Ei, 100 g Geflügelfarce (Rezept siehe Seite 220),
1 Schweinenetz (vorbestellen),
1 l Geflügelfond, 1 dl Burgunder-Rotwein,
1 cl Madeira, 1 dl Wildfond
(Rezept siehe Seite 225, Rehfond), 1 TL Pfeilwurzelmehl*

ZUBEREITUNG

Das Kalbsbries häuten und 2 Stunden wässern. In kaltem Salzwasser mit Weißwein und gespickter Zwiebel aufsetzen, aufkochen und im Sud auskühlen lassen.
Die Fasane auslösen, die Sehnen aus den Keulen ziehen. Brüste und Keulen plattieren, salzen und pfeffern, auf eine Platte legen, mit Armagnac und der Hälfte des Portweins beträufeln. Ziehen lassen.
Die Schalotte schälen, fein hacken und in 1 EL Butter weich dünsten. Das Toastbrot in Würfel schneiden und in einer trockenen Pfanne kurz braten, aber nicht bräunen. Die Oliven entsteinen und in feine Streifen schneiden. Die Schalotte mit der Hälfte der Olivenstreifen, den Toastwürfeln, der Petersilie, dem Ei, der Geflügelfarce und dem kleingeschnittenen Kalbsbries gut mischen. Mit Salz und Pfeffer würzen.

Das Schweinenetz ausbreiten, Brust und Keulen darauflegen und die Füllung darauf verteilen. Zur Rolle wickeln und mit Küchenzwirn zusammenbinden.
Den Geflügelfond erhitzen, die Rolle hineinlegen und bei geringer Hitze 12 Minuten pochieren. Aus dem Fond nehmen und zugedeckt 5 Minuten ruhen lassen.
Für die Sauce den Burgunder, den restlichen Portwein und den Madeira fast ganz reduzieren. Mit dem Wildfond auffüllen und wieder um die Hälfte reduzieren. Mit Pfeilwurzelmehl binden, abschmecken und die restlichen Olivenstreifen einstreuen.
Die Wildfasanen-Suprême tranchieren, anrichten und mit der Sauce nappieren.

Perlhuhnbrust mit Mu-Err-Pilzen in chinesischer Sauce

ZUTATEN

*2 EL Mu-Err-Pilze,
¼ l heiße Geflügelbrühe (Rezept siehe Seite 217),
1 Bund Mangold, Salz,
2 Perlhühner, ¼ l Sahne, weißer Pfeffer aus der Mühle,
4 EL Butter, ½ l Geflügelfond
(Rezept siehe Seite 217), 8 cl Sojasauce superieur, 1 TL Tomatenmark,
4 cl Sake, 4 cl Sherry (fino),
2 TL Pfeilwurzelmehl, Korianderblättchen
zum Garnieren*

ZUBEREITUNG

Die Pilze mit kochender Geflügelbrühe übergießen und 20 Minuten quellen lassen.

Den Mangold waschen und in kochendem Salzwasser blanchieren, eiskalt abschrecken und gut abtropfen lassen.

Von den Perlhühnern die Keulen und Brüstchen auslösen (den Rest für einen Fond verwenden).

Die Keulen entbeinen, fein hacken und mit der Sahne gut durchmixen. Die Masse mit Salz und Pfeffer würzen und kurz ins Gefrierfach stellen.

2 EL Butter aufschäumen und die Brüstchen beidseitig anbraten, salzen, pfeffern und 5 Minuten ruhen lassen.

Den Mangold so auf einem Küchentuch ausbreiten, daß ein Rechteck entsteht. Die gekühlte Farce daraufstreichen, mit den Brüstchen belegen, salzen und pfeffern. Samt dem Tuch zur Rolle formen, diese in einen Topf mit Dampfeinsatz legen. Zugedeckt im Dampf 10 Minuten garen (im Schnellkochtopf 2–3 Minuten auf Stufe I).

Geflügelfond mit Sojasauce, Tomatenmark, Sake und Sherry 12 Minuten kochen. Mit Pfeilwurzelmehl binden. Die Pilze in der restlichen Butter schwenken, salzen und pfeffern.

Die Rolle aus dem Tuch nehmen und in Scheiben schneiden. In vier Suppenteller verteilen, die Pilze dazugeben und mit Sauce übergießen. Mit Koriander garnieren.

Wildentenbrust mit Gemüselasagne in Barbera d'Alba

ZUTATEN

200 g Nudelteig (Rezept siehe Seite 203, Ravioliteig), Salz, 8 Stangen Spargel (mittlere Größe), 100 g Spinat, 1 Stück Ricotta oder Peccorino, ca. 40 g, ⅛ l Barbera d'Alba (oder ein anderer Piemontwein), 2 dl Wildentenglace (Rezept siehe Seite 223), 1 TL Pfeilwurzelmehl, 4 Wildentenbrüstchen, 5 EL Öl, Pfeffer aus der Mühle, 1 Knoblauchzehe, 2 EL Pesto (Rezept siehe Seite 221)

ZUBEREITUNG

Den Nudelteig zubereiten, dünn ausrollen und in Quadrate von 5 cm Kantenlänge schneiden. In kochendem Salzwasser al dente kochen und in Eiswasser abschrecken.

Den Spargel schälen und in schräge, feine Scheiben schneiden. Den Spinat in kochendem Salzwasser kurz blanchieren, eiskalt abschrecken und gut abtropfen lassen. Den Ricotta fein reiben.

Für die Sauce den Barbera d'Alba fast ganz einkochen lassen, die Wildentenglace zufügen, erhitzen und mit dem Pfeilwurzelmehl binden, abschmecken.

Die Entenbrüste in 2 EL Öl rundum anbraten, auf ein Blech mit Alufolie setzen und im auf 220 Grad vorgeheizten Backofen 4 Minuten braten. Herausnehmen, salzen, pfeffern und zugedeckt 5 Minuten ruhen lassen. Vor dem Servieren schräg in schmale Scheiben schneiden.

Den Spargel in 2 EL Öl kurz dünsten. Den Spinat im restlichen Öl schwenken. Den Knoblauch schälen und darüber pressen, salzen und pfeffern. Die Nudelteigquadrate kurz in Salzwasser erhitzen und abwechselnd mit Spargel und Spinat schichten, dazwischen etwas Käse und Pesto geben.

Die aufgeschnittene Wildentenbrust dazulegen und mit der Rotweinsauce nappieren.

Bresse-Taube »aux petits pois« in Morgon mit Lebercrostini

ZUTATEN

Geflügelfarce:
50 g Poulardenfleisch, 5 EL Sahne,
Salz, Pfeffer aus der Mühle
4 Bresse-Tauben, 1 Stück Schweinenetz, 2 EL Öl,
1 dl Morgon (Wein) oder ein anderer
Burgunder-Rotwein, 1 dl Taubenglace (Rezept siehe Seite 222),
½ TL Pfeilwurzelmehl, 400 g frische
Erbsen, 5 EL Sahne, Butter, 3 EL Geflügelfond
(Rezept siehe Seite 217),
12 Lebercrostini (Rezept siehe Seite 23)

ZUBEREITUNG

Das Poulardenfleisch kleinschneiden und mit der Sahne im Mixer pürieren, salzen und pfeffern.
Von den Tauben die Brüstchen und die Keulen auslösen (den Rest für Taubenglace verwenden). Die Keulen entbeinen und mit der Geflügelfarce füllen. Das Schweinenetz achteln und je eine gefüllte Keule damit einhüllen. Das Öl in einer Pfanne erhitzen, Brüstchen und umhüllte Keulen darin beidseitig kurz anbraten, dann auf ein Stück Alufolie in den auf 200 Grad vorgeheizten Backofen setzen und die Keulen 4 – 5 Minuten, die Brüstchen 3 Minuten ziehen lassen.
Das Bratfett aus der Pfanne weggießen und den Bratensatz mit Morgon loskochen, kurz reduzieren und mit Taubenglace aufgießen. Um die Hälfte reduzieren, mit Salz und Pfeffer abschmecken, mit Pfeilwurzelmehl binden.
Die Erbsen palen und in wenig Wasser 6 – 8 Minuten weich kochen (im Schnellkochtopf 2 Minuten auf Stufe I). Zwei Drittel davon im Mixer pürieren, Butter und Sahne unterrühren, salzen und pfeffern. Die restlichen Erbsen kurz in Geflügelfond schwenken.
Die Taubenkeulen in schmale Scheiben schneiden und mit den Brüstchen auf Teller legen, mit der Sauce nappieren, Erbsenpüree und Erbsen daneben anrichten.
Die Lebercrostini als Beilage reichen.

Wachtelspieß mit Steinpilzen

ZUTATEN

*4 extra große Wachteln,
4 EL Butter, 4 cl Sahne, Salz, ½ TL roter
Portwein, 4 Scheiben Gänseleber,
gut gekühlt, 2 EL Öl,
Pfeffer aus der Mühle, 100 g sehr feines Paniermehl
(Mie de pain), 200 g Steinpilze,
1 Schalotte, 3 EL Geflügelfond
(Rezept siehe Seite 217),
2 TL Zitronensaft, 1 Bund
Schnittlauch*

ZUBEREITUNG

Die Wachteln häuten und das Fleisch von den Knochen lösen. Die Wachtelbrüstchen in 1 EL Butter kurz beidseitig anbraten, mit Küchenkrepp abtupfen und beiseite legen. Von dem Keulenfleisch 50 g (den Rest anderweitig verwenden) mit der Sahne im Mixer pürieren. Die Farce mit Salz und Portwein abschmecken.

Die Gänseleberscheiben in wenig Öl kurz beidseitig anbraten, salzen und pfeffern.

Die Oberseite der Wachtelbrüstchen mit der Farce bestreichen und in das Paniermehl tauchen. Je eine Scheibe Gänseleber zwischen zwei Wachtelbrüstchen (auf die bestrichene Seite) geben und mit zwei Spießchen durchstechen.

1 EL Butter mit dem restlichen Öl in eine feuerfeste Form geben, die Wachtelspießchen hineinlegen und im auf 200 Grad vorgeheizten Backofen 6 Minuten braten, dann etwa 5 Minuten ruhen lassen.

Die Steinpilze putzen und halbieren. Die Schalotte schälen und fein hacken. In einer Pfanne 2 EL Butter aufschäumen lassen. Die Pilze mit der Schalotte darin kurz anbraten, mit Geflügelfond beträufeln und 5 Minuten weitergaren. Den Schnittlauch abbrausen und in Röllchen schneiden. Die Pilze salzen, mit Zitronensaft beträufeln und mit Schnittlauch bestreuen.

Zum Anrichten die Steinpilze samt Fond auf vier Tellern anrichten. Die Wachtelspießchen zwischen den Spießen halbieren und daraufsetzen.

Süßspeisen, Käsedesserts und Getränke

Rumtopf »spezial«

ZUTATEN

*1 kg makellose Erdbeeren, 1 kg makellose Himbeeren,
1 kg makellose Tamarillos (nur
Fruchtfleisch), ½ l Rum, ½ l Wodka, ½ l weißer Portwein,
100 g brauner Kandiszucker gemahlen,
200 g Zucker, 1 Stück Zimtstange, 2 Nelken, 1 Vanilleschote, aufgeschlitzt*

ZUBEREITUNG

Erdbeeren und Himbeeren waschen und, falls nötig, abzupfen. Die Tamarillos überbrühen, häuten, schälen, vierteln und entkernen. Mit den Beeren in ein dunkles Gefäß schichten.
Rum, Wodka, Portwein, Kandiszucker und Zucker mischen und über die Früchte gießen. Zimtstange, Nelke und Vanilleschote zufügen.

Das Gefäß gut verschließen und für mindestens 3 Monate dunkel aufbewahren.

Anmerkung: Die Menge der Flüssigkeit sollte so bemessen sein, daß sie fingerbreit die Früchte bedeckt. ▷

Crème anglaise

ZUTATEN

*750 g Milch, 250 g Sahne,
12 Eigelb,
1 Prise Salz, 170 g Zucker, Mark
von 3 Vanilleschoten*

ZUBEREITUNG

Die Milch mit der Sahne, dem Eigelb, Salz, Zucker und Vanillemark in einem Topf gut verrühren.
Bei milder Hitze so lange aufschlagen, bis die Creme so dick geworden ist, daß man einen Kochlöffel damit überziehen kann. Wenn man auf den überzogenen Löffel bläst, sollte sich die Form einer Rose bilden (daher der Ausdruck: zur Rose aufschlagen).
Die Creme dann vom Herd nehmen und weiterschlagen, bis sie abgekühlt ist.

Blanc Manger

ZUTATEN

*400 ml Milch, 200 g Zucker, 150 g Marzipan,
1 EL Aprikosenmarmelade, 1 cl Kirschwasser, 1 cl Rum,
einige Tropfen Bittermandelöl, 6 Blatt weiße Gelantine, 300 ml Sahne*

ZUBEREITUNG

Die Milch erhitzen. Den Zucker und das Marzipan darin auflösen. Die Mischung durch ein Sieb passieren. Aprikosenmarmelade, Kirschwasser, Rum und Bittermandelöl untermischen.
Die Gelatine einweichen, ausdrücken, auflösen.
Die Sahne leicht anschlagen und mit der Gelatine untermischen.
Die Masse in Portionsförmchen füllen und in einer Stunde im Kühlschrank fest werden lassen.

Exotisches Früchtesoufflé

ZUTATEN

*1 l Milch, 8 Eigelb, 250 g Zucker,
100 g Mehl, 80 g Butter, 1 Limette, 1 Orange,
1 Grapefruit, 3 Eiweiß, 1 Prise Salz, 1 TL Zucker, 5 cl Ananaspüree,
5 cl Mandarinenpüree, 1 cl Grand Marnier,
4 cl Weißwein, 1 TL Speisestärke,
400 g exotische Früchte nach Jahreszeit*

ZUBEREITUNG

Die Milch mit dem Eigelb, dem Zucker, dem Mehl und der Butter in einen Topf geben und bei milder Hitze unter Rühren zu einer cremigen Masse kochen.
Die Limette, Orange und Grapefruit unter heißem Wasser gut abbürsten und jeweils einen Teelöffel Zesten von den Schalen schneiden (den Rest anderweitig verwenden).
Das Eiweiß mit dem Salz und dem Zucker steif schlagen. Von der Grundmasse 120 g abwiegen und unterheben (den Rest für weitere Desserts gekühlt aufbewahren). Vier Förmchen einfetten, mit Zucker ausstreuen, die Masse einfüllen und im Wasserbad im auf 180 Grad vorgeheizten Backofen 20 Minuten pochieren.
Die Fruchtpürees mit Speisestärke, die in Weißwein und Grand Marnier aufgelöst wurde, jeweils getrennt binden. Die exotischen Früchte vorbereiten und kleinschneiden.
Von den Fruchtsaucen einen Spiegel auf vier Teller gießen, die Soufflés darauf stürzen und mit Früchten und Zitrusstreifen (Zesten) garnieren. ▷

Truffes de Chambery

ZUTATEN

*275 g Krokant, 275 g Schokoladenkuvertüre,
275 g Fondant, 200 g weiche Butter,
100 g feingeriebene Schokolade*

ZUBEREITUNG

Den Krokant im elektrischen Zerhacker mittelfein zerkleinern.
Die Schokoladenkuvertüre im Wasserbad schmelzen.
Den Fondant mit der Butter, dem Krokant und der Schokoladenkuvertüre mischen. Die Masse eine Stunde kalt stellen.
Dann mit einem Teelöffel abstechen, Kugeln formen und in Schokolade wälzen. ▷

Gestürztes Marmorsoufflé von Lychees und Erdbeeren

ZUTATEN

*200 g Milch, 22 g Vanillepulver, 70 g Zucker,
1 TL Speisestärke, 11 g Erdbeermark,
11 g Lycheemark, Butter für die Förmchen, 1 EL Zucker
zum Ausstreuen, 1 EL Grieß zum
Ausstreuen, 3 Eigelb, 1 TL Rum, 1 TL Kirschwasser, 3 Eiweiß*

ZUBEREITUNG

Die Milch mit dem Vanillepulver, der Hälfte des Zuckers und der Speisestärke bei mittlerer Hitze unter ständigem Rühren köcheln, bis eine cremige Masse entstanden ist. Die Masse halbieren, eine Hälfte mit Erdbeermark und die zweite Hälfte mit Lycheemark mischen.
Vier Souffléeförmchen ausbuttern und mit Zucker-Grieß-Mischung ausstreuen.
Die Eigelb vermischen, die Hälfte davon mit Rum mischen und unter die Creme mit Erdbeermark rühren.
Den Rest mit Kirschwasser verrühren und unter die Lycheecreme mischen.
Das Eiweiß mit dem restlichen Zucker sehr steif schlagen, erst ein Viertel davon, dann den Rest gleichmäßig unter die Massen heben. Erst die Erdbeermasse, dann die Lycheemasse in den Souffléförmchen verteilen. In ein Wasserbad stellen und im auf 160 Grad vorgeheizten Backofen in 25 – 30 Minuten garen.
Zum Servieren auf vorgewärmte Teller stürzen.

Nougatmousse mit Früchtemelange

ZUTATEN

*2 dl Milch, 4 cl Crème de Cacao, 4 cl Cognac,
180 g Nougat, ½ TL abgeriebene Schale
einer unbehandelten Orange, 1 Ei, 1 Eigelb, 4 Blatt Gelatine, 450 g Sahne,
40 g Aprikosenmark, 40 g Erdbeermark,
2 EL Läuterzucker, ½ TL Kirschwasser, 1 Kiwi, 1 Tamarillo,
4 Erdbeeren, 1 Papaya*

ZUBEREITUNG

Die Milch mit der Crème de Cacao, dem Cognac, dem Nougat und der Orangenschale aufkochen und mit dem Ei und dem Eigelb so lange bei milder Hitze aufschlagen, bis die Masse die Konsistenz hat, den Kochlöffel zu überziehen (zur Rose aufschlagen).

Die Gelatine 10 Minuten in kaltem Wasser einweichen, ausdrücken und in der Masse unter Rühren auflösen. Weiterschlagen, bis die Masse zu gelieren beginnt.

Die Sahne steif schlagen, unterheben, die Creme in eine Schüssel füllen und 2 Stunden kalt stellen.

Das Aprikosenmark und das Erdbeermark mit je 1 EL Läuterzucker und etwas Kirschwasser mischen.

Die Früchte je nach Sorte schälen, entkernen, waschen. Dann kleinschneiden und auf Tellern anrichten. Die gut durchgekühlte Mousse in Nocken abstechen und dazusetzen. Einen Spiegel von Aprikosensauce und Erdbeersauce dazugießen.

Champagnersorbet

ZUTATEN

*4 dl Champagner (rosé),
4 dl Läuterzucker,
1,5 dl Vichywasser, Saft von 1 Zitrone,
Saft von ½ Orange,
1 TL Himbeermark*

ZUBEREITUNG

Champagner, Läuterzucker, Vichywasser, Zitronen- und Orangensaft sowie Himbeermark mischen und in einer Sorbetière oder im Gefrierfach gefrieren.
Falls das Sorbet nicht in der Sorbetière zubereitet wird, muß es mehrmals durchgemixt werden, damit sich keine Kristalle bilden.
Das Sorbet in Sektschalen geben und mit Champagner auffüllen.

◁

Tirami su

ZUTATEN

*8 Eier, 250 g Zucker, 250 g Mascarpone,
20 Löffelbisquits, 1 Espresso, abgekühlt, 2 cl Grappa,
2 cl Grand Marnier,
Kakaopulver zum Bestäuben*

ZUBEREITUNG

Die Eier trennen und das Eigelb mit dem Zucker schaumig schlagen.
Die Mascarpone eßlöffelweise zufügen. Das Eiweiß sehr steif schlagen und unter die Masse heben.
Eine Form mit der Hälfte der Löffelbisquits auslegen, mit Espresso, Grappa und Grand Marnier beträufeln und mit der Hälfte der Masse bedecken. So fortfahren, daß die letzte Schicht aus Creme besteht.
Die Oberfläche glattstreichen, dick mit Kakao bestäuben und mindestens 3 Stunden kalt stellen.

Rhabarbersoufflé

ZUTATEN

*250 g geschnittener Rhabarber, 2 dl Weißwein,
10 g Butter, Zitronensaft,
200 ml Rhabarbersaft, 10 g Zucker,
20 g Speisestärke, 3 Eigelb, 3 Eiweiß, 70 g Zucker, ½ TL Speisestärke, Butter für die Förmchen,
etwas Puderzucker zum
Bestäuben, 1 Bund Minze zum Garnieren*

ZUBEREITUNG

Den Rhabarber putzen, schälen und in Stücke schneiden. Mit dem Weißwein, Butter und etwas Zitronensaft in etwa 30 Minuten ganz verkochen und durch ein Sieb passieren.

Von dem Rhabarbersaft 200 ml abmessen und mit Zucker und Speisestärke eine Creme kochen. Abkühlen lassen und die Eigelb unterarbeiten. Etwas Rhabarbersaft und Rhabarberfasern hinzugeben.

Das Eiweiß mit dem Zucker und der Speisestärke zu Schnee schlagen und unterziehen.

Vier Förmchen ausbuttern, zuckern und die Masse einfüllen. Im Wasserbad im auf 170 Grad vorgeheizten Backofen ca. 20 Minuten pochieren.

Soufflés auf gewärmte Teller stürzen, mit Puderzucker bestäuben und mit Minze garnieren.

Schokoladenterrine mit marinierten Erdbeeren

ZUTATEN
(für 10 Personen)

*350 g weiße Kuvertüre,
2 Eigelb, 1 Ei,
2 cl weißer Rum, 2 cl Batida, 2 cl Eierlikör,
2 Blatt weiße Gelatine,
3,5 dl geschlagene Sahne, 1 Eischnee, 200 g dunkle Kuvertüre,
1 dl Vollmilch, 2 Eigelb,
1 Ei, 2 cl dunkler Rum, 1 EL Mokkapulver,
3,5 dl geschlagene Sahne,
3 Eischnee, 200 g Erdbeeren,
2 cl Kirschwasser,
2 cl Läuterzucker, 1 Bund Minze,
Puderzucker*

ZUBEREITUNG

Kuvertüre im Wasserbad schmelzen und Eigelb, Ei, weißen Rum, Batida und Eierlikör unterziehen. Die eingeweichte und ausgedrückte Gelatine unterheben. Die geschlagene Sahne und den Eischnee daruntermischen. Eine Terrinenform mit Klarsichtfolie auskleiden und die weiße Mousse einfüllen.
Dunkle Kuvertüre im Wasserbad schmelzen, die Milch, Eigelb und Ei dazugeben sowie den dunklen Rum und das Mokkapulver. Zum Schluß die geschlagene Sahne und den Eischnee unterziehen. Die dunkle Mousse auf die bereits leicht angezogene weiße Mousse gießen.

Die Form über Nacht in den Kühlschrank stellen und fest werden lassen.
Die Erdbeeren waschen, abzupfen und in Scheiben schneiden. Mit Kirschwasser und Läuterzucker marinieren.
Die Terrine stürzen und in Scheiben schneiden. Auf Tellern anrichten und mit den Erdbeeren garnieren. Die Minze abbrausen, trockenschleudern, mit Puderzucker bestäuben und dazulegen.

Weißweinbirne, gefüllt mit Früchteratatouille

ZUTATEN

*4 Williams-Christ-Birnen, ¼ l trockener Weißwein,
6 cl Läuterzucker, 1 Zimtstange,
30 g Mango, 30 g Papaya, 30 g Lychees, 30 g Erdbeeren, 1 cl Williamsschnaps,
1 cl Cointreau, 1 cl Läuterzucker,
⅛ l trockener Riesling, 3 Eigelb, 1 TL Vanillezucker,
1 cl Cointreau, 2 EL Sahne,
1 Bund Minze, Puderzucker zum Bestäuben*

ZUBEREITUNG

Die Birnen schälen und in Weißwein mit Läuterzucker und der Zimtstange in 12 Minuten weich dünsten. (Läßt sich auch sehr gut im Schnellkochtopf machen, dann 3 Minuten auf Stufe I).
Mango, Papaya und Lychees schälen, entkernen und das Fruchtfleisch in kleine Würfel schneiden. Die Erdbeeren waschen und vom Stengelansatz befreien, kleinschneiden und mit den anderen Früchten mischen. In Williamsschnaps, Cointreau und Läuterzucker marinieren.

Den Riesling mit Eigelb zur Rose aufschlagen und mit dem Vanillezucker süßen. Den Cointreau dazugeben, die Sahne schlagen und unterheben. Als Spiegel auf die Teller gießen.
Die Birnen seitlich aufschneiden und vorsichtig aushöhlen. Auf die Teller setzen und die Früchtemischung aus der Öffnung herausquellen lassen.
Die Minze abbrausen, trockentupfen mit Puderzucker bestäuben und die Birnen damit garnieren.

Champagner-Sangria mit Früchten oder Beeren

ZUTATEN

*200 g Passionsfruchtmark,
Saft von 1 Zitrone,
50 g Läuterzucker, 100 ml Champagner,
2 Blatt Gelatine, ¼ l Champagner,
3 cl Cointreau, 1 cl Bacardi, 5 cl Läuterzucker, 1 cl Cognac,
400 g Früchte oder Beeren nach
Jahreszeit (keine Banane), Puderzucker
zum Bestäuben,
½ Bund Minze zum Garnieren*

ZUBEREITUNG

Für das Sorbet das Passionsfruchtmark mit dem Zitronensaft, dem Läuterzucker und dem Champagner mischen. In eine Sorbetière geben oder in eine Schale und im Gefrierfach fest werden lassen. Zwischendurch immer wieder durchmixen, damit sich keine Eiskristalle bilden.

Die Gelatine 10 Minuten einweichen, gut ausdrücken und auflösen. Mit Champagner, Cointreau, Bacardi, Läuterzucker und Cognac mischen und 10 Minuten kalt stellen.

Die Früchte oder Beeren, je nach Sorte, schälen, waschen und falls nötig kleinschneiden.

Die Früchte in tiefe Teller verteilen und mit der leicht gelierenden Sangria begießen. Vom Sorbet Kugeln abstechen und daraufsetzen. Mit Puderzucker bestäuben und mit Minze garnieren.

Champagner-Cocktail mit Mandarine, Kaviar und Wakame-Algen

ZUTATEN

*5 Mandarinen, 1 TL getrocknete Wakame-Algen,
1 TL helle Sojasauce, 1 TL Sake,
½ Zitrone, 2 EL feingehackte Pistazien, 80 g Ossiotr- oder
Beluga-Kaviar, Champagner zum Aufgießen,
Minze zum Garnieren*

ZUBEREITUNG

Die Mandarinen auspressen und durch ein Tuch passieren. Die Wakame-Algen in warmem Wasser einweichen und 5 Minuten quellen lassen. Mit Sojasauce und Sake abschmecken.
Den Rand von schönen Cocktailgläsern mit Zitrone einreiben und in gehackte Pistazien tauchen.

Kaviar und Wakame-Algen in die Gläser geben und mit Mandarinensaft übergießen. Mit dem Champagner auffüllen und mit Minze garnieren.

Zwetschgenterrine auf Sahnespiegel

ZUTATEN

*1,5 kg Zwetschgen, 150 g Zucker, 12 Blatt Gelatine,
150 g Marzipan, 6 cl Zwetschgenwasser, 20 g Pinienkerne,
40 g Pistazien, 50 g Walnüsse, 3 Orangen, 0,2 l Sahne*

ZUBEREITUNG

Die Zwetschgen waschen, entsteinen und mit dem Zucker unter Rühren weich kochen, bis fast alle Flüssigkeit verdampft ist.

Die Gelatine 10 Minuten einweichen, ausdrücken und unter die Zwetschgenmasse rühren.

Marzipan mit Zwetschgenwasser glattrühren und untermischen.

Die Masse in eine Kastenform füllen, Pinienkerne, Pistazien und Walnüsse dazwischenstreuen und im Kühlschrank in 5 Stunden fest werden lassen.

Die Orangen großzügig schälen und filieren.

Die Sahne halbfest schlagen und als Spiegel auf Teller gießen.

Die Terrine stürzen, anschneiden, auf dem Sahnespiegel anrichten und mit den Orangenfilets umlegen.

Klarer Orangenkuchen mit Kumquats und seiner Sauce

ZUTATEN
(für 3 Personen)

*2 Orangen, 3 Kumquats, 1,5 dl trockener
Weißwein, 1,5 dl Läuterzucker, 5 cl Grand Marnier
1 cl Kirschwasser, 3 Blatt Gelatine, 3 EL Sahne*

ZUBEREITUNG

Die Orangen und die Kumquats unter fließend heißem Wasser gründlich abbürsten. Die Orangenschale mit einem Zestenschneider ablösen. Die weiße Innenhaut dann abschälen und die Filets herausschneiden. Den restlichen Saft aus den Schalen drücken und beiseite stellen. Die Kumquats vierteln.

Weißwein, Läuterzucker, Grand Marnier und Kirschwasser zusammen auf $1/4$ l einkochen. Die Gelatine einweichen, ausdrücken und in der heißen Mischung auflösen. Die Orangenfilets in Timbaleförmchen verteilen und mit der Flüssigkeit übergießen.

Die Orangenreste und die Kumquats in dem Saft weich kochen, falls nötig, etwas Wasser zufügen. Die Sahne leicht cremig rühren und mit etwas abgekühltem Saft, samt Orangenjulienne, mischen.

Die Timbales kurz in heißes Wasser tauchen, stürzen, mit der Sauce umgießen und mit den Kumquats garnieren.

Terrine von Blutorangen mit Cassis auf Green-Orange-Spiegel

ZUTATEN

*20 cl Orangensaft,
10 cl Pisang-Ambon-Liqueur, 2 TL Speisestärke,
6 Blutorangen, 3 Orangen,
1 Spritzer Cassis-Likör, 2 cl Cointreau, 8 Blatt Gelatine
(bzw. gleiche Grammzahl Agar-Agar),
2 EL eingelegte Cassisbeeren,
Minze zum Garnieren*

ZUBEREITUNG

Für die Sauce den Pisang-Ambon-Liqueur und Orangensaft mischen und mit etwas angerührter Speisestärke binden, so daß es eine sämige grüne Sauce ergibt. Kühlstellen.

Die Blutorangen großzügig schälen und die Filets sorgfältig herausschneiden. Die Orangen auspressen und den Saft mit Cassis-Likör und Cointreau mischen und erhitzen. Die Gelatine 10 Minuten einweichen, gut ausdrücken und darin auflösen. In eine Kastenform einen Spiegel gießen und im Kühlschrank fest werden lassen. Die Blutorangenfilets einschichten und die Cassisbeeren dazwischenstreuen. Mit der Gelierflüssigkeit aufgießen und im Kühlschrank ganz fest werden lassen. Vor dem Stürzen kurz in heißes Wasser halten und aus der Form gleiten lassen. Die Blutorangenterrine diagonal in 4 Dreiecke teilen und auf den Tellern nach außen verschoben placieren. Die Sauce in die Zwischenräume eingießen. Die Mitte mit Minzeblättchen garnieren.

Pyramide cendre mit Haselnüssen auf weißer Auberginencreme

ZUTATEN

*2 kleine weiße Auberginen, 50 g Crème fraîche,
1 EL Öl, 1 TL Sherryessig, Salz,
Pfeffer aus der Mühle, 200 g Pyramide-cendre-Käse in Scheiben,
100 g gemahlene Haselnüsse,
1 Handvoll Feldsalat, 1 EL Weißweinessig,
1 EL Olivenöl*

ZUBEREITUNG

Die Auberginen waschen, vom Stengelansatz befreien und vierteln. Im Mixer mit Crème fraîche, Öl und Sherryessig pürieren, mit Salz und Pfeffer abschmecken.
Die Käsescheiben in den gemahlenen Haselnüssen mehrmals wenden.

Den Feldsalat putzen und waschen. Aus Weißweinessig, Salz, Pfeffer und Öl eine Vinaigrette rühren und den Feldsalat darin wenden.
Die Auberginencreme auf vier Tellern verteilen, den Käse darauflegen und mit dem Feldsalat garnieren.

Cocktail von Champagne »Perrier Jouët« mit Basilikum

ZUTATEN

*10 cl trockener Weißwein, 1 TL Zesten
von 1 unbehandelten Limette,
8 Blatt Basilikum, 2 cl Limettensaft, 2 cl Läuterzucker,
24 cl Champagne »Perrier
Jouët«, Basilikumblättchen zum Garnieren*

ZUBEREITUNG

Weißwein mit Limettenzesten aufkochen lassen, die Basilikumblätter dazugeben, kurz köcheln. Abpassieren und auskühlen lassen. Den Limettensaft und den Läuterzucker dazugeben.

In schöne Champagnergläser je 4 cl vom Basilikumauszug geben und 6 cl Champagner aufgießen. Mit einem Basilikumblättchen garnieren.

Figalou mit Mousserons und Artischocke

ZUTATEN

*2 Artischocken, 1 dl Essig, Salz, 1 Stück gelber Paprika,
4 Scheiben Bacon (milder Bauchspeck),
2 EL gemischte Gartenkräuter, 200 g Figalou (Ziegenkäse), 200 g Mousseron-Pilze (Stockschwämmchen), 1 gehackte
Schalotte, 20 g Butter, 3 EL Geflügelfond, Zitronensaft,
1 Bund Bachkresse, 2 EL Olivenöl,
1 EL Weißweinessig, 1 Msp scharfer Senf,
Pfeffer aus der Mühle*

ZUBEREITUNG

Die Artischocken in Essig-Salzwasser 15 Minuten kochen. Die Böden herauslösen und in Ecken schneiden. Die Paprika blanchieren, eiskalt abschrecken, häuten und vom Kernhaus befreien. In winzige Würfelchen schneiden.

Den Bacon in einer trockenen Pfanne ganz kurz beidseitig anbraten.

Die Gartenkräuter abbrausen, von den Stengeln zupfen und fein hacken.

Den Ziegenkäse zu 12 gleichmäßigen Kugeln formen und abwechselnd in gehackten Kräutern und in Paprikawürfelchen wälzen, 4 Kugeln mit einer Scheibe Bacon einwickeln.

Die Mousseron-Pilze putzen. Eine halbe Schalotte schälen, fein hacken, in Butter und Geflügelfond mit den Mousseron-Pilzen und den Artischockenecken 5 Minuten dünsten.

Mit Salz und Zitronensaft abschmecken.

Die Bachkresse waschen und putzen.

Die restliche Schalotte schälen und fein hacken. Aus Olivenöl, Weißweinessig, Weißwein, Senf, Salz und Pfeffer eine Vinaigrette rühren. Die Schalotte einstreuen und die Bachkresse darin wenden.

Artischocken-Pilz-Mischung auf Teller verteilen, die Käsekugeln dazulegen und mit der Bachkresse garnieren.

Gaperon mit Kohlrabistiften

ZUTATEN

*1 Kohlrabi, Salz, 12 Walnüsse,
½ Schalotte, 20 g Butter,
3 EL Geflügelfond (Rezept siehe Seite 217),
Zitronensaft, 1 Bund Schnittlauch, 1 Stück Gaperon (gewürzter Knoblauchkäse aus der Auvergne)*

ZUBEREITUNG

Den Kohlrabi schälen und in Stifte schneiden. In kochendem Salzwasser bißfest garen (im Schnellkochtopf 3½ Minuten auf Stufe I), kalt abschrecken und gut abtropfen lassen.

Die Walnüsse ausbrechen, in Salzwasser kurz blanchieren, eiskalt abschrecken und die Häutchen abziehen.

Die Schalotte schälen, fein hacken und in heißer Butter andünsten, Kohlrabistifte und Geflügelfond zufügen und kurz durchschwenken. Mit Salz und Zitronensaft abschmecken.

Den Schnittlauch abbrausen, kleinschneiden und darüberstreuen. Den Gaperon in gleichmäßige Ecken schneiden.

Die Kohlrabistifte auf Tellern verteilen, die Käseecken daraufsetzen und mit den Walnüssen garnieren.

Boule de Truffes mit gebratenem Spargel und Risolée-Kartoffeln

ZUTATEN

*1 mittelgroße Kartoffel, festkochende
Sorte (Risoleé), 4 EL Öl,
Salz, 6 Stangen grüner Spargel, 1 Stück Boule
de Truffes (Käse),
Saft von 1 Zitrone*

ZUBEREITUNG

Die Kartoffel schälen, waschen und in sehr feine Scheiben schneiden, dann in Würfel. 2 EL Öl in einer Pfanne erhitzen und die Kartoffelbrunoise darin fünf Minuten goldbraun braten, salzen.
Den Spargel waschen, falls nötig, schälen und schräg in feine Scheiben schneiden. Im restlichen Öl kurz braten, salzen und mit Zitronensaft begießen.
Den Käse in Ecken schneiden. Die Spargelscheiben auf Tellern verteilen, die Käseecken daraufsetzen und mit Kartoffelbrunoise bestreuen.

Käseterrine von Figalou, Explorateur und Pave blanc

ZUTATEN

*1 Stück Figalou (ca. 100 g), 1 cl Marc,
1 Stück Explorateur (ca. 100 g),
1 cl Grappa, 1 Stück Pave blanc (ca. 100 g),
1 cl Kirschwasser,
1 dickere Lauchstange, 1 dickere Möhre, Salz, 1 Williams-
Christ-Birne, Zitronensaft,
1 dl Weißwein, 50 g Salade Pourpier,
1 EL Weißweinessig, Pfeffer
aus der Mühle, 2 EL leichtes
Walnußöl*

ZUBEREITUNG

Jede Käsesorte getrennt mit einer Gabel zerdrücken. Unter den Figalou den Marc, unter den Explorateur den Grappa und unter den Pave blanc das Kirschwasser mischen.

Den Lauch putzen, längs halbieren und ausspülen. Die Möhre schälen und waschen. Den Lauch in Salzwasser 5 Minuten, die Möhre 8 Minuten weich dünsten. Beides eiskalt abschrecken, abtropfen lassen, dann den Lauch in Bänder teilen und die Möhre in schmale Längsscheiben schneiden.

Eine Terrinenform mit den Lauchbändern auskleiden, den Käse sortenweise einschichten und dazwischen jeweils Möhrenscheiben legen. Die Terrine verschließen und einen Tag durchkühlen lassen.

Vor dem Servieren die Birne schälen, längs halbieren und entkernen. Mit Zitronensaft und Weißwein in einen Topf geben und knapp mit Wasser bedecken, 10 Minuten dünsten. Herausnehmen, abtropfen lassen und fächerartig aufschneiden.

Den Pourpier-Salat waschen und gut abtropfen lassen. Aus Weißweinessig, Salz, Pfeffer aus der Mühle und Walnußöl eine Vinaigrette rühren. Den Pourpier-Salat darin wenden.

Die Käseterrine aufschneiden und mit dem Pourpier-Salat und der Birne anrichten.

Gemüse

Sprossensalat mit weißer Soja und Mirin

ZUTATEN

*6 Wachteleier, 1 Kopf feiner Frisée,
200 g gemischte Sprossen
(Mungo, Linsen, Alfalfa, Rettich), 1 sehr kleine
Lauchstange, ca. 50 g, 50 g feine
Böhnchen, 100 g Zwiebellauch, Salz, 1 Töpfchen rote Daikonkresse, 2 EL weiße Sojasauce,
1 EL Mirin, 1 EL Sherry, 1 Msp Dashi, 2 EL Geflügelfond (Rezept siehe Seite 217),
Pfeffer, 1 Msp Glutamat, 1 Msp Zucker,
4 TL Keta-Kaviar*

ZUBEREITUNG

Die Wachteleier mit einer Nadel anpiksen und 2½ Minuten kochen, eiskalt abschrecken und pellen.

Den Frisée putzen, waschen und ein Viertel davon in eine Schüssel geben, den Rest anderweitig verwenden. Die Sprossen abbrausen und gut abtropfen lassen.

Den Lauch, die Böhnchen und den Zwiebellauch putzen, waschen und in kochendem Salzwasser bißfest garen. In feine Julienne schneiden. Mit den Sprossen zu dem Frisée geben. Die Daikonkresse abbrausen und die Blättchen über der Schüssel abschneiden.

Aus den restlichen Zutaten eine Sauce rühren, über den Salat gießen und durchmischen.

Den Salat auf Tellern verteilen, die Wachteleier längs halbieren und daraufsetzen und mit dem Keta-Kaviar garnieren.

Wachtelei-Roulade in Gurken-Beurre-blanc mit Kohlrabi und Shiso

ZUTATEN

1 Bund glatte Petersilie, 12 Wachteleier, 50 g Mehl, 1 EL Milch, Salz, 5 EL Butter, 3 mittelgroße Shiitakepilze, 1 Salatgurke, 1 Schalotte, 5 cl Noilly Prat, ¼ l Weißwein, 60 g Butter, Zitronensaft, 1 Kohlrabi, 200 g Dauradefilet (oder auch Zander), 2 EL Pflaumenmus, 4 Shisoblätter (im Naturkostladen), 4 Eichblattsalatblätter, 1 Bund Majoran

ZUBEREITUNG

Die Petersilie abbrausen, von den Stengeln zupfen und fein hacken. Aus Wachteleiern, Mehl, Milch, einer Prise Salz und der Petersilie einen Teig rühren und in 3 EL heißer Butter 4 dünne Pfannkuchen von ca. 15 cm Durchmesser ausbacken. Warm stellen.
Die Shiitakepilze mit Küchenkrepp abreiben und in kochendem Salzwasser 1 Minute blanchieren. Abtropfen lassen und in schmale Streifen schneiden.
Die Gurke schälen, längs halbieren und das Mark mit einem Löffel herausschaben, 6 EL Gurkenmark beiseite stellen, den Rest anderweitig verwenden. Je zwei etwa 6 cm lange Stücke von der Gurke abschneiden, eines davon in Julienne schneiden. Aus dem zweiten mit einem kleinen Kugelausstecher Perlen formen. Die restliche Gurke anderweitig verwenden.
Die Schalotte schälen, fein hacken und mit Noilly Prat und Weißwein um die Hälfte reduzieren. Das Gurkenmark untermischen und mit 60 g kalter Butter aufschlagen. Mit Salz und Zitronensaft abschmecken. Gurkenjulienne und Gurkenperlen dazugeben.
Den Kohlrabi schälen und in sehr dünne Scheiben schneiden.
Das Dauradefilet in hauchdünne Scheiben schneiden. Die Pfannkuchen mit dem Pflaumenmus bestreichen, darauf die Shisoblätter und die Dauradescheiben legen. Leicht salzen, mit Salatblättern bedecken und mit Shiitakestreifen bestreuen. Alles zu festen Rollen formen.
Die Kohlrabischeiben in der restlichen Butter beidseitig kurz braten und auf vier Teller verteilen. Die Rouladen schräg in ca. 2 cm lange Stücke schneiden und auf die Kohlrabischeiben setzen. Mit der warmen Gurkensauce nappieren. Den Majoran abbrausen und als Garnitur dazulegen.

Glasnudelsalat süßsauer mit frischen Kräutern, Azuki-Bohnen und Tofuwürfeln

ZUTATEN

*5 EL Azuki-Böhnchen,
250 g Tofu, 10 EL Rotwein, 5 EL Sojasauce,
1 TL Sesamöl, Pfeffer aus der
Mühle, Meersalz, 10 cl Gemüsebrühe, 100 g Glasnudeln
(getrocknet), 1 Bund gemischte
Kräuter, 1 TL Sojasauce, 1 TL Tomatenmark,
1 TL Sherry (fino),
1 Msp Knoblauch, 1 TL Tapioka,
3 EL Sojabohnenkeime,
Öl zum Braten*

ZUBEREITUNG

Die Azuki-Bohnen über Nacht einweichen.
Den Tofu in Würfel von 1,5 cm Kantenlänge schneiden. Rotwein, Sojasauce, Sesamöl, Pfeffer und Meersalz verrühren, über den Tofu gießen und 5 Stunden ziehen lassen.
Die Azuki-Bohnen abgießen, dann mit der Gemüsebrühe übergießen und zugedeckt in 30 Minuten weich kochen.
Die Glasnudeln mit kochendem Salzwasser übergießen und 10 Minuten quellen lassen. Abkühlen lassen. Die Kräuter abbrausen, hacken und untermischen.

Sojasauce, Tomatenmark, Sherry und Knoblauch verrühren. Tapioka in etwas Wasser einrühren, die Sauce damit binden, kurz aufkochen und auskühlen lassen.
Die Sauce als Spiegel auf Teller gießen. Die Glasnudeln mit einer Gabel aufrollen und in die Mitte setzen. Die Sojabohnenkeime abbrausen, abtropfen, als Garnitur danebenlegen.
Die Tofuwürfel aus der Marinade nehmen, abtropfen lassen. In heißem Öl knusprig braun braten, diagonal durchschneiden und um die Glasnudeln legen. Mit den Azuki-Bohnen garnieren.

Erbsen-Cassoulet mit Seppioline und Milchzickleinbries

ZUTATEN

*200 g Milchzickleinbries (vorbestellen),
Salz, 1 Zwiebel, gespickt
mit 1 Nelke und 1 Lorbeerblatt, 250 g frische Erbsen,
100 g Seppioline, 2 EL Öl, Zitronen-
saft, 2 Schalotten, 4 EL Butter, 4 EL Geflügelfond (Rezept siehe
Seite 217), 2 cl Noilly Prat,
1 dl Weißwein, 60 g Butter, 2 EL geschlagene
Sahne, japanischer
Schnittlauch als Garnitur*

ZUBEREITUNG

Das Bries häuten, in kaltem Salzwasser mit der gespickten Zwiebel aufsetzen, aufkochen. Aus dem Sud nehmen, abschrecken und zu Nüßchen zupfen.

Die Erbsen vorbereiten und in kochendem Salzwasser 6 Minuten garen (im Schnellkochtopf 2 Minuten auf Stufe I).

Die Seppioline putzen, kalt abspülen und in heißem Öl kurz und kräftig anbraten, salzen und mit Zitronensaft beträufeln.

Die Schalotten schälen und fein hacken. Die Erbsen mit 2 TL Schalotten in 2 EL Butter andünsten, salzen, den Geflügelfond zufügen und weitere 4 Minuten dünsten.

Die Briesnüßchen in 2 EL Butter und 1 TL Schalotten 4 Minuten anschwenken.

Die restliche Schalotte mit dem Noilly Prat und dem Weißwein zur Hälfte reduzieren, die Butter unterschlagen, mit Salz und Zitronensaft abschmecken und die Schlagsahne unterheben.

Bries und Seppioline mit den Erbsen auf Tellern verteilen, die Sauce darüber nappieren und für 3 Minuten golden übergrillen.

Wenn möglich, mit kleingeschnittenem japanischen Schnittlauch garnieren.

Sumpfgras im Gelee

ZUTATEN

*2 Blatt Gelatine,
1 dl Fischgelee (Rezept siehe Seite 216, Hummergelee),
1 Bund Sumpfgras, Salz,
20 g Spinat, 1 EL Weißweinessig, 1 EL Weißwein, Pfeffer
aus der Mühle, 3 EL Tignanello-Öl,
1 EL gehackte Haselnüsse, etwas Soja-Sake,
Koriandergrün
oder Petersilie zum Garnieren*

ZUBEREITUNG

Die Gelatine 10 Minuten in kaltem Wasser einweichen. Das Fischgelee erhitzen, die Gelatine ausdrücken und darin auflösen.

Das Sumpfgras waschen, in Salzwasser blanchieren und eiskalt abschrecken. Die Blätter auf einem Küchentuch einzeln ausbreiten und trockentupfen.

Eine Terrinenform mit Klarsichtfolie auskleiden und das Sumpfgras abwechselnd mit dem Fischgelee einschichten. Die Oberfläche glattstreichen, die Form zudecken und die Terrine gut 4 Stunden durchkühlen lassen.

Den Spinat verlesen, waschen und gut abtropfen lassen. Aus Weißweinessig, Weißwein, Salz, Pfeffer und 2 EL Tignanello-Öl eine Vinaigrette rühren und den Spinat darin wenden, die Haselnüsse einstreuen.

Die Terrinenform kurz in heißes Wasser halten, stürzen und aufschneiden. Auf Teller verteilen, mit etwas Soja-Sake und Tignanello-Öl beträufeln und den Spinatsalat daneben anrichten. Mit Koriandergrün oder Petersilie garnieren.

Kartoffelsalat

ZUTATEN

*400 g Kartoffeln (Syrakus, Grenaille),
4 EL Weißweinessig,
1 EL Weißwein, Salz, Pfeffer aus der Mühle, 5 EL Olivenöl,
1 Bund glatte Petersilie, 1 Bund
Schnittlauch, 50 g Feldsalat, 50 g Frisée-Salat*

ZUBEREITUNG

Die Kartoffeln in etwa 30 Minuten garen.
Weißweinessig mit Weißwein, Salz und Pfeffer verrühren. Das Olivenöl langsam dazufließen lassen, dabei kräftig schlagen.
Petersilie und Schnittlauch abbrausen und kleinschneiden. In die Vinaigrette geben.
Feldsalat und Frisée putzen und waschen.
Die Kartoffeln schälen, in Scheiben schneiden und mit der Vinaigrette übergießen.
Mit dem Blattsalat anrichten, z.B. zur luftgetrockneten Entenbrust (Rezept siehe Seite 23).

Steinpilze auf Tagliatelle in Vin Santo

ZUTATEN

*250 g Tagliatelle (Rezept siehe Seite 203, Ravioliteig),
1 TL grüner Pfeffer, eingelegt,
Salz, 400 g kleine frische Steinpilze, 2 EL Butter, 4 EL Geflügelfond (siehe Rezept Seite 217), Zitronensaft, 1 Bund
Schnittlauch, 1 Bund Kerbel, 5 cl Vin Santo*

ZUBEREITUNG

Den Nudelteig zubereiten und die zerdrückten grünen Pfefferkörner sehr gut daruntermischen. Teig auswalzen, in Tagliatelle schneiden und diese in Salzwasser al dente kochen, abschrecken und beiseite stellen.
Die Steinpilze waschen, putzen und mindestens einmal halbieren. Die Pilze in Butter und Geflügelfond dünsten. Mit Salz und Zitronensaft würzen, den gehackten Schnittlauch und den gehackten Kerbel dazugeben. Vin Santo dazugießen und gut durchschwenken.
Die Tagliatelle anschwenken und anrichten. Die Steinpilze dazugeben und mit dem Fond vom Anschwenken nappieren. Mit einem Kerbelsträußchen garnieren.

Glacierte Schalotten auf schwarzem Olivenmus mit Müslicrêpes

ZUTATEN

*20 schwarze Oliven, 13 Schalotten,
1 Bund Petersilie,
1 EL Butter, 1 EL Gemüsesaft, 1 TL Mirin,
5 cl Geflügelfond (Rezept siehe
Seite 217), 4 EL Sesammus, 1 EL Vollreis-Miso (beides im Reformhaus),
1 TL Sojasauce, 5 cl Mirin, 2 cl Wasser,
1 Ei, 50 g Mehl, 2 EL Maismehl, 1 EL geschlagenes
Eiweiß, 4 EL neutrale Müsli-
mischung, 1 EL Crème fraîche, Salz,
Pfeffer aus der Mühle,
Butter zum Ausbacken*

ZUBEREITUNG

Die Oliven entsteinen, eine Schalotte schälen und fein hacken. Die Petersilie abbrausen, abzupfen, fein hakken und in heißer Butter mit den Oliven, der gehackten Schalotte dünsten. Gemüsesaft, Mirin und Geflügelfond zufügen und alles ganz weich dünsten, dann im Mixer pürieren.

Für die Sauce Sesammus, Vollreis-Miso, Sojasauce, Mirin und Wasser dickflüssig kochen.

Für die Crêpes Ei, Mehl, Maismehl, Eiweiß, Müslimischung und die Crème fraîche mischen. Teig salzen und pfeffern und daraus in heißer Butter 12 kleine Crêpes ausbacken.

Die restlichen Schalotten waschen, trockentupfen und mit wenig Wasser 12 Minuten kochen (im Schnellkochtopf 4 Minuten auf Stufe I), anschließend in der Sauce schwenken.

Das Olivenmus auf die Mitte der Teller geben, die Schalotten leicht andrücken und darauf verteilen, die Crêpes dazulegen.

Artischockenböden, gefüllt mit Enoki-Pilzen, in Limettenbutter

ZUTATEN

*4 Artischocken, Salz, 1 dl Essig, 150 g Enoki-Pilze,
1 Schalotte, 2 EL Butter,
5 EL Geflügelfond (Rezept siehe Seite 217), 1 EL Crème fraiche,
½ TL Limettenzeste, 1 Bund
Schnittlauch, 4 sehr kleine Zucchini*

ZUBEREITUNG

Von den Artischocken die Böden ausschälen und in Salzwasser mit dem Essig 15 Minuten garen (Garprobe machen). Warm stellen.

Die Enoki-Pilze putzen und waschen und auf 3 cm kürzen. Die Schalotte schälen, fein hacken und mit den Pilzen in der Butter und dem Geflügelfond 5 Minuten dünsten. Die Crème fraiche hinzugeben und kurz einkochen lassen. Mit Salz und Limettenzesten würzen. Den Schnittlauch abbrausen, fein schneiden und einstreuen.

Die Zucchini waschen, vom Stengelansatz befreien und in Salzwasser 5 Minuten blanchieren, eiskalt abschrecken, abtupfen und fächerartig aufschneiden.

Die Artischockenböden auf Teller verteilen, mit den Enoki-Pilzen füllen und mit der Sauce nappieren. Je einen Zucchino dazulegen.

Basilikumnudeln mit Kichererbsen und Gemüse-Allumettes

ZUTATEN

200 g Kichererbsen, 150 g Fenchel, 150 g Staudensellerie, 150 g Mangold, Salz, 400 g Basilikumnudeln (Fertigprodukt oder selbstgemacht, Rezept siehe Seite 203, Ravioliteig, unter Zugabe von Basilikum), 3 TL Olivenöl, 1 Schalotte, Pfeffer aus der Mühle, 1 Bund Schnittlauch, 4 EL Butter, 4 cl Gemüsebrühe, 1 Knoblauchzehe, 1 cl Champagner

ZUBEREITUNG

Am Vorabend die Kichererbsen in Wasser einweichen. Das Einweichwasser abgießen und die Kichererbsen in 50 Minuten weich kochen.

In der Zwischenzeit Fenchel, Staudensellerie und Mangold putzen, waschen und streichholzgroß (Allumettes) schneiden. Getrennt in Salzwasser bißfest dünsten, eiskalt abschrecken und abtropfen lassen.

Die Basilikumnudeln in Salzwasser mit 1 TL Olivenöl al dente kochen.

Die Schalotte schälen und fein hacken. Die Kichererbsen abgießen und mit 1 TL gehackter Schalotte in 2 TL Olivenöl anschwenken. Würzen. Schnittlauch abbrausen, kleinschneiden und darüberstreuen.

Die Nudeln mit 2 EL Butter und Gemüsebrühe anschwenken und würzen.

Die Gemüse-Allumettes mit der restlichen gehackten Schalotte in 2 EL Butter anschwenken. Den Knoblauch schälen und durch die Presse dazudrücken. Mit Champagner angießen.

Die Nudeln anrichten, mit Kichererbsen bestreuen und die Gemüse-Allumettes rundherum garnieren.

Gebäcke und Teige

Gugelhupf

ZUTATEN

*475 g Mehl, 30 g Hefe, 1 dl warme Milch, 90 g Zucker,
1 Prise Salz, 3 Eier, 1 Eigelb, 150 g Butter,
Saft von ½ Zitrone, 80 g Rosinen, 60 g getrocknete Aprikosen,
kleingeschnitten, 60 g kandierte Früchte,
kleingeschnitten, Fett für die Form, 2 El Mandelblättchen,
2 EL geschmolzene Butter, Puderzucker*

ZUBEREITUNG

Das Mehl in eine Schüssel sieben und eine Mulde eindrücken.

Die Hefe hineinbröckeln, die Hälfte der Milch zugießen, verrühren und den Teig zugedeckt 15 Minuten gehen lassen.

Dann die restliche Milch, den Zucker, Salz, Eier, Eigelb und Butter zufügen und so lange kneten, bis der Teig Blasen wirft.

Den Zitronensaft mit Rosinen, Aprikosen und kandierten Früchten unterarbeiten. Den Teig zugedeckt 1 Stunde gehen lassen, bis sich das Volumen fast verdoppelt hat.

Eine Gugelhupfform einfetten.

Die Mandelblättchen in einer trockenen Pfanne goldgelb rösten, die Form damit ausstreuen.

Den Teig einfüllen und im auf 180 Grad vorgeheizten Backofen 45 Minuten backen.

Auskühlen lassen. Mit geschmolzener Butter bestreichen und mit Puderzucker bestäuben.

Löffelbiskuits

ZUTATEN

*380 g Eigelb, 350 g Eiweiß, 250 g Zucker,
300 g Mehl, 250 g Puderzucker*

ZUBEREITUNG

Das Eigelb mit 100 g Zucker schaumig rühren. Das Eiweiß mit 150 g Zucker steif schlagen und die beiden Massen vorsichtig mischen. Das Mehl darübersieben und locker unterheben.

Die Masse in einen Spritzbeutel füllen und auf ein mit Backpapier ausgelegtes Backblech Löffelbiskuits spritzen.

Ein zweites Blech ebenfalls mit Backpapier auslegen und mit Puderzucker bestreuen. Das Blech mit den Löffelbiskuits umgedreht daraufsetzen, die Löffelbiskuits kurz den Puderzucker ansaugen lassen, wieder umdrehen und den überschüssigen Puderzucker abblasen. Im auf 190 Grad vorgeheizten Backofen 6 Minuten backen.

Christstollen »Waldhorn«

ZUTATEN

*1 kg Mehl, 0,2 l Milch, 80 g Hefe, ½ TL Salz,
200 g Zucker, 250 g weiche
Butter, 700 g Sultaninen, Korinthen und Rosinen (zusammen),
Mark von 1 Vanillestange,
etwas Rum, 100 g Zitronat, 100 g Orangeat,
reichlich Puderzucker*

ZUBEREITUNG

Das Mehl in eine Schüssel sieben und in die Mitte eine Vertiefung drücken. Die frische Hefe hineinbröckeln, mit der Hälfte der lauwarmen Milch und etwas Mehl verrühren. Den Ansatz zugedeckt 30 Minuten gehen lassen.
Dann die restlichen Zutaten hinzufügen und einen ziemlich festen Teig kneten. Gut durcharbeiten und nochmals 30 Minuten gehen lassen.

Den Teig zu einer halben Rolle formen, auf ein mit Backpapier ausgelegtes Blech legen und im vorgeheizten Ofen bei 180 Grad 45 Minuten backen.
Nach dem Auskühlen reichlich mit Puderzucker bestäuben.

Mandelgebäck

ZUTATEN

*250 g Zucker, Mark aus
1 Vanilleschote,
250 g gehobelte Mandeln, 30 g Mehl, 150 g Eiweiß
(steifgeschlagen),
50 g geschmolzene Butter*

ZUBEREITUNG

Zucker, Vanillemark, Mandeln und Mehl mischen. Eiweiß und die geschmolzene Butter untermischen. Die Masse für 1 Stunde im Kühlschrank ruhen lassen.
Mit einem Teelöffel kleine Häufchen auf ein Backblech geben und mit einer beliebigen Schablone (selber anfertigen) formen. Das Blech nochmals für eine Stunde kühl stellen.
Im auf 170 Grad vorgeheizten Backofen 4 – 6 Minuten backen.

Früchtebrot »Waldhorn«

ZUTATEN

*250 g Mehl, 35 g Hefe, 1 dl Wasser, 5 g Anis, 5 g Zimt,
2,5 g Nelkenpulver, 1 g Kardamom,
3 g Kakao, 150 g getrocknete Birnen, 250 g getrocknete Zwetschgen,
150 g getrocknete Datteln, 200 g getrocknete
Sultaninen, 300 g Orangeat, 300 g Zitronat, 100 g gehackte
Walnüsse, 1 dl Kirschwasser, 100 g Belegfrüchte, 100 g getrocknete
Feigen, Saft von 2 Zitronen, etwas
Butter und Paniermehl*

ZUBEREITUNG

Das Mehl in eine Schüssel sieben, in die Mitte eine Vertiefung drücken. Die Hefe hineinbröckeln, lauwarmes Wasser zugeben, alles verrühren und den Teig 1 Stunde gehen lassen.

Das Trockenobst, wenn nötig, kleinschneiden, dann mit allen anderen Gewürzen und Zutaten zum Ansatzteig geben, gut untermengen und durchkneten. Nochmals ca. ½ Stunde gehen lassen.

Eine Kastenform ausbuttern und mit Paniermehl bestreuen. Den Teig einfüllen und wiederum 20–30 Minuten gehen lassen.

Im vorgeheizten Backofen bei 180 Grad 45 Minuten backen. In der Form auskühlen lassen. Das Früchtebrot trocknen lassen und dann in Klarsichtfolie eingepackt aufbewahren. Es hält sich mindestens 3–4 Wochen.

Kokosblätter

ZUTATEN

*250 g Zucker, Mark einer Vanilleschote,
250 g Kokosflocken, 30 g Mehl, 150 g Eiweiß, steifgeschlagen,
50 g geschmolzene Butter*

ZUBEREITUNG

Zucker, Vanillemark, Kokosflocken und Mehl mischen. Eiweiß und die geschmolzene Butter unterziehen und die Masse 1 Stunde kalt stellen.
Mit einem Teelöffel Häufchen auf ein ausgelegtes Backblech setzen und flachdrücken oder nach Belieben formen. Nochmals eine Stunde kalt stellen.
Auf der mittleren Schiene des auf 170 Grad vorgeheizten Backofens 4 – 6 Minuten backen.

Blini

ZUTATEN

*50 g Mehl, 8 g Hefe, 2 dl Milch,
250 g Buchweizenmehl,
4 Eigelb, 1 Prise Salz, 4 Eiweiß, steifgeschlagen, 1 dl Schlagsahne,
Butter zum Ausbacken*

ZUBEREITUNG

Für den Ansatz 50 g Mehl mit Hefe und lauwarmer Milch mischen und ca. 3 Stunden gehen lassen.
Dann das Buchweizenmehl, Eigelb und Salz zum Ansatz geben und gut durchschlagen. Weitere 30 Minuten gehen lassen. Den Eischnee und zum Schluß die geschlagene Sahne unterheben.
In gebutterte Pfännchen jeweils Häufchen von 1 EL Teig geben und beidseitig goldbraun ausbacken.
Die Blini eignen sich sehr gut als Beilage zu Kaviar oder lauwarmen Terrinen.

Krebsnudeln

ZUTATEN

*400 g Hartweizenmehl, 4 Eier,
etwas Öl, Salz,
2 EL Krebsbisque (Rezept siehe
Seite 219, Krebsfond),
Mehl für die Arbeitsfläche*

ZUBEREITUNG

Das Mehl in eine Schüssel sieben. Eier, Öl, Salz und Krebsbisque zufügen. Mit den Knethaken des Handrührers zu einem geschmeidigen Teig verarbeiten.

Den Teig mehrmals auswellen, in Klarsichtfolie packen und 2 Stunden im Kühlschrank ruhen lassen.

Pastetenmürbeteig

ZUTATEN

*500 g Mehl, 150 g Butter,
50 g Öl, 1 Eigelb, 15 cl Wasser, 14 g Salz*

ZUBEREITUNG

Das Mehl in eine Schüssel sieben.
Die Butter in Flocken, das Öl, Eigelb, Wasser und Salz zufügen. Alles zu einem geschmeidigen Teig verkneten. Zur Kugel formen, in Folie packen und mindestens eine Stunde im Kühlschrank ruhen lassen.

Brezeli

ZUTATEN

*1 kg Mehl, 450 g Butter, 50 g Schmalz,
6 Eier, 1 TL abgeriebene
Schale einer unbehandelten Zitrone, Fett fürs Blech,
Meersalz und Kümmel zum Bestreuen*

ZUBEREITUNG

Das Mehl in eine Schüssel sieben. Butter und Schmalz in Flocken, Eier und Zitronenschale zufügen. Alles zu einem glatten Teig verarbeiten. Den Teig stückweise zu einer dünnen Rolle formen und daraus kleine Brezeln herstellen.

Die Brezeln im auf 200 Grad vorgeheizten Backofen 10 bis 12 Minuten backen.

Philoteig

ZUTATEN

*300 g Mehl, 100 g Speisestärke, 250 ml Wasser,
1 cl Olivenöl, 1 Prise Salz*

ZUBEREITUNG

Das Mehl und die Speisestärke mischen, Wasser, Olivenöl und Salz zufügen und alles zu einem glatten Teig verarbeiten.

Den Teig zur Kugel formen und in Folie packen. Mindestens eine Stunde im Kühlschrank ruhen lassen.

Strudelteig

ZUTATEN

*500 g Mehl (Type 405), 2 EL Öl,
10 g Salz, 2 Eier, 1 dl lauwarmes Wasser*

ZUBEREITUNG

Das Mehl auf eine Arbeitsfläche sieben, eine Mulde eindrücken und 1 EL Öl, Salz, Eier und etwas Wasser zufügen. Zu einem Teig verarbeiten und nach und nach das restliche Wasser unterarbeiten.

Den Teig zur Kugel formen, mit dem restlichen Öl bestreichen und 40 Minuten im Kühlschrank ruhen lassen.

Ravioliteig

ZUTATEN

100 g Hartweizenmehl, 1 Ei, 1 EL Olivenöl, Salz

ZUBEREITUNG

Das Mehl in eine Schüssel geben, das Ei, Olivenöl und Salz zufügen und alles mit den Knethaken des Handrührers zu einem geschmeidigen Teig verarbeiten.

Zum Weiterverarbeiten auf einer bemehlten Fläche sehr dünn ausrollen.

Quarkteig

ZUTATEN

250 g Magerquark, abgetropft, 250 g Butter, 250 g Mehl

ZUBEREITUNG

Den Magerquark in eine Schüssel geben und die Butter in Stückchen zufügen. Mit den Knethaken des Handrührers mischen. Das Mehl dazusieben und unterarbeiten, bis ein geschmeidiger Teig entstanden ist.

Den Teig zur Kugel formen, in Alufolie packen und mindestens eine Stunde im Kühlschrank ruhen lassen.

Quarkspätzle

ZUTATEN

*100 g Magerquark, abgetropft,
1 Ei, 100 g Mehl, 1 Prise Salz, 1 Bund Schnittlauch*

ZUBEREITUNG

Den Magerquark mit dem Ei mischen.
Das Mehl zusieben und mit dem Salz unterarbeiten. Den Schnittlauch abbrausen, kleinschneiden und unterheben.

Reichlich Salzwasser aufkochen, den Teig hineinschaben oder mit dem Spätzledrücker ins Wasser geben. Die Spätzle garen, bis sie an die Oberfläche steigen. Mit einem Schaumlöffel herausnehmen.

Schmalzteig

ZUTATEN

*250 g Mehl, 60 g Schweineschmalz, 1 Ei, 1 Eigelb,
1 Msp Backpulver, 1 Prise Salz*

ZUBEREITUNG

Das Mehl in eine Schüssel geben, das Schmalz und die übrigen Zutaten zufügen.
Mit den Knethaken des Handrührers einen geschmeidigen Teig herstellen und bis zur Weiterverarbeitung kalt stellen.

Tempurateig

ZUTATEN

*200 g Mehl, 125 g Speisestärke,
3 dl Sake, 1 EL Öl, 1 Prise Salz, 200 ml Eiswasser*

ZUBEREITUNG

Das Mehl mit der Speisestärke mischen.
Sake, Öl, Salz und Eiswasser kräftig unterrühren, damit ein glatter, dünnflüssiger Teig entsteht.
Die zu fritierenden Zutaten durch den Teig ziehen und in heißem Fett goldgelb ausbacken.

Schupfnudeln

ZUTATEN

*400 g Kartoffeln, mehlige Sorte,
3 EL Grieß, 3 EL Mehl, 1 Ei, 1 Prise Salz, 3 EL Butter*

ZUBEREITUNG

Die Kartoffeln in ca. 30 Minuten garen.
Die Kartoffeln schälen, durch die Presse drücken und mit Grieß, Mehl und Ei mischen, salzen.
Den Teig zur Rolle von ca. 2 cm Durchmesser formen.
Gleichgroße Stücke abschneiden und in fingergroße Nudeln formen.
In kochendes Salzwasser geben und 8 Minuten ziehen lassen. Herausnehmen und abtropfen lassen.
Die Butter aufschäumen und die Schupfnudeln darin goldbraun braten.

Hippenmasse

ZUTATEN

*200 g Marzipanrohmasse, 17 cl Milch, 100 g Mehl,
4 – 5 Eiweiß, 170 g Zucker, 2 EL geröstete Mandeln, Öl für das Blech*

ZUBEREITUNG

Das Marzipan mit der Milch und dem Mehl glattrühren. Eiweiß und Zucker leicht verrühren. Sollte die Masse zu dünn sein, dann mit etwas Mehl verdicken. Sollte sie zu fest sein, leicht mit Milch verdünnen. Zum Schluß die gerösteten Mandeln in Scheibchen unterheben.
Die Masse auf einem geölten Backblech mit einer Palette zu kleinen runden Fladen streichen. Im vorgeheizten Backofen bei 180 Grad 4 Minuten backen, dann zur gewünschten Form modellieren (z. B. Körbchen oder Zigarren) und bei halb geöffnetem Ofen nochmals 3 Minuten backen.
Hippen dienen zur Garnitur von Desserts oder als Körbchen zum Füllen mit Eis etc.

Wan-Tan-Taschen-Teig

ZUTATEN

*50 g Kartoffelstärke,
Salz, 1,5 dl heißes Wasser, 100 g Mehl (Type 405)*

ZUBEREITUNG

Die Kartoffelstärke mit Salz und dem heißen Wasser mischen und quellen lassen. Dann das Mehl hinzufügen und einen elastischen Teig daraus kneten.

Marmeladen und Chutneys

Klare Limettenmarmelade mit weißen und roten Johannisbeeren und Grand Marnier

ZUTATEN

*4 Limetten, unbehandelt, ½ l Apfelsaft, 4 cl Grand Marnier,
1 kg Gelierzucker, 500 g weiße und rote Johannisbeeren*

ZUBEREITUNG

Die Limetten unter heißem Wasser abbürsten. Abtrocknen und dünn schälen. Die Schale in Zestenschneiden. Die Früchte auspressen, 1/3 Liter Saft abmessen, mit Apfelsaft, Grand Marnier und Gelierzucker in einem Topf mischen und 10 Minuten kochen.

Die Johannisbeeren waschen, von den Rispen streifen, einstreuen und weitere 5 Minuten köcheln.
Gelierprobe machen und in vorbereitete Gläser füllen.

Ebereschenmarmelade mit Granny Smith und Elsässer Tokajer

ZUTATEN

*500 g Ebereschensaft, 3 Granny-Smith-Äpfel, 1 Zitrone,
unbehandelt, 1 Orange, unbehandelt, 2 Stück Würfelzucker,
10 cl Elsässer Tokajer, 600 g Gelierzucker*

ZUBEREITUNG

Die Ebereschen waschen und entsaften. Die Äpfel schälen, entkernen und in kleine Stücke schneiden. Die Stücke in Zitronenwasser legen. Orange und Zitrone heiß abbürsten und die Schale mit je einem Zuckerstückchen abreiben. Die Früchte auspressen und den Saft und die abgeriebene Schale zum Ebereschensaft mit dem Tokajer gießen.

Den Ebereschensaft mit dem Gelierzucker 10 Minuten kochen, die Apfelstücke hinzugeben und weitere 5 Minuten köcheln lassen.
Gelierprobe machen und in vorbereitete Gläser füllen.

Walderdbeermarmelade mit Harvey's Bristol Cream, Pernod und Curaçao

ZUTATEN

*¼ l Johannisbeersaft, 500 g Gelierzucker, 2 cl Harvey's Bristol Cream,
1 Spritzer Pernod, 2 cl Curaçao, 1 Zitrone, unbehandelt,
1 Orange, unbehandelt, 500 g Walderdbeeren*

ZUBEREITUNG

Den Johannisbeersaft mit Gelierzucker, Harvey's Bristol Cream, Pernod und Curaçao in einem Topf mischen.
Zitrone und Orange unter heißem Wasser abbürsten. Die Schalen abreiben, die Früchte auspressen. Saft und Schale in den Topf geben. Aufkochen und 10 Minuten kochen lassen.
Die Walderdbeeren kurz waschen, unterheben und alles weitere 3 Minuten köcheln lassen.
Gelierprobe machen und in vorbereitete Gläser füllen.

Apfelkonfitüre mit grünen Tomaten

ZUTATEN

*500 g grüne Tomaten, 500 g saure Äpfel, 1 kg Gelierzucker,
Saft von 1 Zitrone, Saft von 2 Orangen*

ZUBEREITUNG

Die Tomaten waschen und in Scheiben schneiden. Die Äpfel waschen und schälen, das Kernhaus entfernen, dann fein würfeln oder grob raspeln. Tomatenscheiben und Apfelwürfel in eine Schüssel geben, mit dem Gelierzucker vermischen und über Nacht stehenlassen.
Am nächsten Tag Zitronen- und Orangensaft hinzufügen, die Masse unter Rühren zum Kochen bringen und 4 Minuten sprudelnd kochen lassen. Noch heiß in Gläser füllen und sofort verschließen.

Grüne Tomatenkonfitüre mit Ingwer

ZUTATEN

*1000 g grüne Tomaten, 2 – 3 eingelegte Ingwerpflaumen,
2 EL Ingwersirup, 1 Nelke, 1200 g Gelierzucker,
Saft von 2 Zitronen*

ZUBEREITUNG

Die Tomaten waschen, in Scheiben schneiden und in eine große Schüssel geben. Die Ingwerpflaumen streifig schneiden und mit dem Sirup, der Nelke und dem Gelierzucker unter die Tomatenstreifen mischen. Abdekken und über Nacht ziehen lassen.

Am nächsten Tag den Zitronensaft hinzufügen und die Masse unter Rühren erhitzen. 4 Minuten sprudelnd kochen lassen. Noch heiß in Gläser füllen und sofort verschließen.

Ebereschengelee

ZUTATEN

*1 kg Ebereschen, 2 Äpfel (Golden Delicious),
1 Zitrone, 1 Orange, 1 dl Weißwein, 1 kg Gelierzucker*

ZUBEREITUNG

Die Ebereschenbeeren waschen und abzupfen. Die Äpfel schälen, das Kernhaus entfernen und klein würfeln. Die Zitrone und die Orange auspressen, den Saft mit dem Obst, Weißwein und Gelierzucker in einen großen Topf geben, unter Rühren aufkochen lassen.

Kochzeit nach Angabe auf der Gelierzuckerpackung einhalten.
Die Masse durch ein Sieb passieren und gut ausdrükken. In Gläser füllen und noch heiß verschließen.

Holundermarmelade mit Ananas und Gin

ZUTATEN

250 g Holunderbeeren, 100 g Ananas, 1 ungespritzte Zitrone, 50 g Honig, 4 cl Gin, 350 g Gelierzucker

ZUBEREITUNG

Die Holunderbeeren waschen und abzupfen. Die Ananas schälen und in Stücke schneiden. Von der Zitrone die Schale abreiben und den Saft auspressen.
Alle Zutaten zusammen in einen großen Topf geben, unter Rühren aufkochen und 10 Minuten kochen lassen. Dann die Gelierprobe machen und noch heiß in Gläser füllen.

Rhabarbermarmelade mit Ingwer und Chartreuse

ZUTATEN

1 kleine Ingwerwurzel, 2 EL Honig, 4 cl Chartreuse vert, 350 g Gelierzucker, 250 g Rhabarber, 100 g rote Johannisbeeren

ZUBEREITUNG

Eine Woche vor der Marmeladenzubereitung die Ingwerwurzel schälen, in feine Brunoise schneiden und in Honig einlegen.
Für die Marmelade Ingwer, Honig, Chartreuse und Gelierzucker mit ¼ l Wasser 5 Minuten aufkochen.

Rhabarber schälen, in schräge Scheiben schneiden und hinzugeben, weitere 8 Minuten kochen lassen.
Die Johannisbeeren waschen, von den Rispen zupfen, in den Topf geben und noch 5 Minuten köcheln lassen.

Klarapfelmarmelade mit grünem Pfeffer und Vermouth

ZUTATEN

*1 ungespritzte Zitrone, 100 g Zucker,
150 g Gelierzucker, 2 cl Noilly Prat, 1 Tl grüner Pfeffer,
trocken, 250 g Kläräpfel*

ZUBEREITUNG

Die Zitronenschale abreiben und den Saft auspressen. Zusammen mit dem Zucker, Gelierzucker, Noilly Prat, grünem Pfeffer und $1/8$ l Wasser aufkochen.
Die Kläräpfel schälen, entkernen und grob würfeln.

Apfelwürfel in den kochenden Sud geben, 10 Minuten kochen lassen, dann die Gelierprobe machen und noch heiß in Gläser abfüllen.

Hagebuttenmarmelade

ZUTATEN

*2 kg Hagebutten, $1/4$ l Orangensaft (auf 750 g Fruchtbrei),
1 kg Gelierzucker, 4 EL Whisky*

ZUBEREITUNG

Die Hagebutten waschen, Blüten und Stiele entfernen und knapp mit Wasser bedeckt 20–30 Minuten kochen. Die Masse abpassieren und mit Orangensaft und Gelierzucker mischen. Knapp 4 Minuten unter ständigem Rühren sprudelnd kochen. Vom Herd nehmen, den Whisky unterrühren, noch heiß in Gläser füllen und verschließen.

Pomelo-Chutney

ZUTATEN

*1 frische Pomelo, 1 Schalotte, 1 Knoblauchzehe,
1 Mango, 80 g karamelisierter Zucker,
1 TL Paprika edelsüß, 2 EL Rotweinreduktion, ½ TL Gin,
½ TL Sherryessig, wenig Worcestersauce,
Salz, Pfeffer aus der Mühle, 3 Msp Ascorbinsäure,
100 g getrocknete Pomelo*

ZUBEREITUNG

Die frische Pomelo schälen und vom Fruchtfleisch 100 g abwiegen. Die Schalotte schälen, fein hacken und mit dem Fruchtfleisch in einen Topf geben. Die Knoblauchzehe schälen und durch die Presse dazudrücken. Die Mango schälen, entkernen, ein Viertel vom Fruchtfleisch klein würfeln und zufügen, den Rest der Frucht anderweitig verwenden. Karamelisierten Zucker, Paprika, Rotweinreduktion, Gin, Sherryessig, Worcestersauce, Salz, Pfeffer, Ascorbinsäure und die kleingeschnittene, getrocknete Pomelo zufügen. Alles mischen und 30 Minuten unter Rühren köcheln lassen, so daß sich alle Zutaten gut verbinden. Alles im Mixer pürieren und in Gläser füllen.

Fonds und Saucen

Hummergelee

ZUTATEN

*300 g Hummerkarkassen, 1 EL Öl,
200 g Mirepoix aus Möhre,
Lauch, Sellerie, Zwiebel, 2 EL Tomatenmark,
1 l Fischfond (siehe Rezept unten), Salz, 1 Msp Safran,
gemahlen, 1 Msp Koriander, gemahlen, 1 Msp Salbei, gemahlen,
1 Bund Estragon, 1 Bund Basilikum,
1 cl Pernod, 100 g Seezungenkarkassen, 100 g
Steinbuttkarkassen, 3 Eiweiß,
4 Blatt Gelatine, falls das Gelee nicht von selbst geliert*

ZUBEREITUNG

Die Hummerkarkassen zerstoßen und auf ein Blech geben, bei 100 Grad im vorgeheizten Backofen trocknen. Dann in einem Bräter in Öl gut anrösten. Das überschüssige Fett abgießen, die Mirepoix zugeben und andünsten. Tomatenmark unterrühren, Fischfond aufgießen, aufkochen und den Schaum abschöpfen. Dann Salz, Safran, Koriander und Salbei zufügen. Estragon und Basilikum abbrausen und einlegen. Eine Stunde zugedeckt köcheln lassen (oder im Schnellkochtopf 20 Minuten auf Stufe II). Mit Pernod abschmecken.

Den Sud durch ein Tuch passieren. Die Fischkarkassen fein hacken, mit dem Eiweiß mischen und in den ausgekühlten Fond rühren.
Ganz langsam aufkochen lassen, um den Fond zu klären. 10 Minuten ziehen lassen und abpassieren.
Den Fond abkühlen lassen, Gelierprobe machen und, falls er nicht geliert, mit Gelatine binden.

Fischfond

ZUTATEN

*400 g Steinbuttgräten oder 400 g Seezungengräten, jeweils ohne
Kopf, etwas Öl, 200 g Mirepoix von
Karotten, Lauch Sellerie, Zwiebel, ½ l Weißwein, 1 dl Noilly Prat,
½ TL Pernod, 1 Stück Bouquet garni aus
1 Knoblauchzehe, 1 Bund Dill, 1 Bund Estragon, eine
Zwiebel, gespickt mit 1 Nelke
und ½ Lorbeerblatt, 1 Msp Safran*

ZUBEREITUNG

Die Fischgräten mit etwas Öl anschwenken und das überschüssige Öl wieder abgießen. Die Mirepoix hinzugeben und nochmals gut durchschwenken. Mit Weißwein, Noilly Prat und Pernod ablöschen. Kurz einkochen lassen und den Bratensatz abkratzen. Mit 3 Liter Wasser auffüllen, aufkochen lassen und entfetten.

Das Bouquet garni sowie den Safran hinzufügen, weitere 20 Minuten garen (im Schnellkochtopf 12 Minuten auf Stufe II).
Danach abpassieren und bereitstellen.

Geflügelfond

(und Consommé)

ZUTATEN

*1 Stück Bressepoularde (oder Freilandhuhn von ca. 1,5 kg),
etwas Öl zum Anbraten, Mirepoix aus je einem mittelgroßen Stück Möhre,
Sellerie, Lauch und Zwiebel, ¼ l trockener Weißwein,
5 cl Noilly Prat, 1 Stück Bouquet garni aus ½ Lorbeerblatt, 1 Nelke,
1 Knoblauchzehe, 5 Pimentkörner, zerdrückt*

ZUBEREITUNG

Die Poularde klein zerhacken und mit etwas Öl gut anbraten. Das überschüssige Fett abgießen. Die Mirepoix hinzugeben und nochmals gut durchschwenken. Mit Weißwein und Noilly Prat ablöschen und einkochen lassen. Dabei den Bratensatz loskratzen.

Mit 3 Liter Wasser auffüllen, aufkochen lassen und abschäumen. Das Bouquet garni hinzugeben. Garzeit 60 Minuten (im Schnellkochtopf 20 Minuten auf Stufe II). Abpassieren und bereitstellen.

Wachtelfond

(dunkel, Glace und Consommé)

ZUTATEN

*10 Stück Wachtelkarkassen, 3 EL Öl, 200 g Mirepoix
aus Karotte, Lauch, Sellerie und Zwiebel,
2 EL Tomatenmark, Bouquet garni aus 1 Lorbeer, 1 Nelke,
Thymian, Rosmarin und 5 zerdrückten
Wacholderbeeren, ¼ l kräftiger Rotwein, 5 cl Cognac,
5 cl Madeira*

ZUBEREITUNG

Die Karkassen kleinhacken und mit dem Öl recht kräftig anrösten. Danach das überschüssige Fett abgießen. Die Mirepoix hinzugeben und nochmals gut durchschwenken. Tomatenmark unterrühren und das Bouquet garni hinzugeben. Mit dem Rotwein ablöschen und einkochen lassen. Dabei den Bratensatz loskratzen. Cognac und Madeira dazugießen. Mit 3 Liter Wasser auffüllen, aufkochen lassen und entfetten. Garzeit 60 Minuten (im Schnellkochtopf 20 Minuten auf Stufe II). Danach den Fond abpassieren.
Für eine Glace läßt man diesen Fond sehr stark einkochen. Für eine Consommé klärt man den Fond mit 200 g Wachtel- oder auch Rindfleisch und 100 g Mirepoix.

Kalbsfond

(Glace)

ZUTATEN

*2 kg Kalbsrückenknochen, 2 EL Öl, ⅜ l trockener
Weißwein, 4 cl Noilly Prat, 4 cl Sherry (fino),
Mirepoix aus je einem mittelgroßen Stück Möhre, Lauch, Sellerie,
Zwiebel, 1 Knoblauchzehe,
1 Bouquet garni, 1 TL Pimentkörner (zerdrückt)*

ZUBEREITUNG

Kalbsrückenknochen im Öl goldbraun anbraten (soll der Fond dunkel sein, werden die Knochen stark angebraten). Mit Weißwein, Noilly Prat und Sherry ablöschen. Mirepoix, den geschälten Knoblauch, das Bouquet garni, die Pimentkörner zufügen und mit 3 l Wasser aufgießen. Aufkochen und zugedeckt eine Stunde kochen (im Schnellkochtopf 20 Minuten auf Stufe II). Den Fond durch ein Sieb gießen und bis zur Verwendung aufbewahren.

Zur Glace wird der Fond, indem man ihn sehr stark dickflüssig einkocht.

Épices fines

ZUTATEN

*10 g Muskat, 70 g weißer Pfeffer, 30 g Piment,
5 g Nelken, 5 g Zimt,
5 g Lorbeer, 5 g Salbei, 5 g Majoran, 5 g Rosmarin,
alle Gewürze jeweils gemahlen*

ZUBEREITUNG

Alle Gewürze gut miteinander vermischen und in einem dunklen Gefäß aufbewahren.
Verwendung: z.B. 1 Teelöffel auf 100 g Salz als Würzsalz.

Krebsfond

(und Consommé)

ZUTATEN

12 Karkassen von Krebsen, 200 g Fischkarkassen, Mirepoix aus je einem mittelgroßen Stück Möhre, Lauch, Sellerie, Zwiebel, 1 Bouquet garni mit 1 Knoblauch, je ½ TL Estragon und Dill, 1 cl Pernod, ¼ l Weißwein (trocken), 5 cl Noilly Prat, 2 TL Tomatenmark, 1 Knoblauchzehe, wenig Safranfäden, etwas Öl

ZUBEREITUNG

Die Karkassen im Dampfkochtopf kurz anschwenken, mit dem Weißwein und Noilly Prat ablöschen. Sämtliche anderen Zutaten hinzugeben und 2 Liter Wasser auffüllen. Aufkochen lassen und mehrmals gut abschäumen. Den Deckel schließen, kurz abdampfen lassen und die Kochstufe II einstellen. Die Garzeit beträgt 9 Minuten.

Nach der Garzeit den Topf abdampfen, anschließend öffnen. Den Krebsfond passieren.

Krebsbisque

Durch starkes Einkochen des Krebsfonds erhält man die Krebsbisque (bei anderen Fonds wird dies als Glace bezeichnet).

Für Fonds, Glaces (eingedickte Fonds), Consommés und Essenzen benützt man vorteilhafterweise einen Dampfkochtopf in der Größe von 5 oder 7 Liter Fassungsvermögen, gegebenenfalls auch 9 Liter. Fonds etc. kann man sehr gut mehrere Tage im Kühlschrank aufbewahren oder auch portionsweise einfrieren.

Geflügelfarce

ZUTATEN

*200 g Poulardenfleisch, 180 g Sahne,
Salz und Pfeffer aus der Mühle*

ZUBEREITUNG

Das Poulardenfleisch entsehnen und fein hacken oder durch einen sehr kalten Fleischwolf drehen. Salzen und pfeffern.
Das Fleisch in den Mixer geben und mit der Sahne (sehr kühl) gut durchmixen, bis eine homogene Masse entsteht. Die Masse in den Kühlschrank geben und eine Stunde ruhen lassen. Danach durch ein Haarsieb drücken.
Sollte die Farce noch etwas zu fest sein, kann man mit einem Gummischaber weitere Sahne unterspachteln. Würzung gegebenenfalls korrigieren.

Japanischer Lack

ZUTATEN

*5 cl Malzbier, 20 g Honig,
20 g Aprikosenmarmelade, 15 g Tomatenmark, 1 cl Sherryessig,
schwarzer Pfeffer aus der Mühle*

ZUBEREITUNG

Die Zutaten mischen und einmal gut aufkochen.

Hasenfond

(dunkel, Glace und Consommé)

ZUTATEN

1 Karkasse von Hasenrücken, Mirepoix aus je einem mittelgroßen Stück Möhre, Lauch Sellerie, Zwiebel, 1 Bouquet garni mit Lorbeer, Nelke, Wacholder, 1 Knoblauchzehe, je ½ TL Thymian, Rosmarin, Piment, ¼ l dunkler, trockener Rotwein, je 2 cl Cognac und Portwein, etwas Pflanzenöl, etwas Tomatenmark

ZUBEREITUNG

Den Hasenrücken kleinhacken und mit Öl im Dampfkochtopf recht kräftig anrösten, bis sich ein dunkler Bratensatz gebildet hat. Das Tomatenmark hinzufügen und gut durchschwenken. Ablöschen mit Rotwein, Cognac und Portwein. Sämtliche anderen Zutaten hinzugeben und den Dampfkochtopf zu etwa drei Viertel füllen. Aufkochen lassen und mehrmals gut abschäumen. Die Flüssigkeit nochmals kurz aufkochen lassen, den Deckel schließen, kurz abdampfen lassen und die Kochstufe II einstellen. Die Garzeit beträgt 20 Minuten. Nach der Garzeit den Topf abdampfen, anschließend öffnen. Den Fond abpassieren und bis zur Verwendung aufbewahren.

Zur Zubereitung der Glace wird der Fond noch einmal sehr stark eingekocht, bis er dickflüssig ist.

Will man davon eine Consommé herstellen, so wird der Fond mit Klärfleisch des Tieres geklärt.

Pesto

ZUTATEN

1 Bund Basilikum, 125 g Pinienkerne, 2 EL Olivenöl, 1 Stück Knoblauchzehe, 50 g Peccorino, Salz und Pfeffer

ZUBEREITUNG

Alles zusammen im Mixer gut glatt rühren.

Taubenfond

(dunkel, Glace und Consommé)

ZUTATEN

*2-3 Karkassen von Tauben, Mirepoix aus
je einem mittelgroßen Stück Möhre, Lauch, Sellerie, Zwiebel,
1 Bouquet garni mit Lorbeer, Nelke,
Wacholder, 1 Knoblauchzehe, Thymian, Rosmarin, Piment, ¼ l dunkler,
trockener Rotwein, je 2 cl Cognac und Portwein,
etwas Pflanzenöl, etwas Tomatenmark*

ZUBEREITUNG

Die Taubenkarkassen kleinhacken und mit Öl im Dampfkochtopf recht kräftig anrösten, bis sich ein dunkler Bratensatz gebildet hat. Das Tomatenmark und die Mirepoix hinzufügen und gut durchschwenken. Ablöschen mit Rotwein, Cognac und Portwein. Sämtliche anderen Zutaten hinzugeben und den Dampfkochtopf zu drei Viertel füllen. Aufkochen lassen und mehrmals gut abschäumen. Die Flüssigkeit nochmals kurz aufkochen lassen, den Deckel schließen, kurz abdampfen lassen und die Kochstufe II einstellen. Die Garzeit beträgt 20 Minuten.

Nach der Garzeit den Topf abdampfen, anschließend öffnen. Den Fond abpassieren und bis zur Verwendung aufbewahren.

Zur Zubereitung der Glace wird der Fond noch einmal sehr stark eingekocht, bis er dickflüssig ist.

Will man davon eine Consommé herstellen, so wird der Fond mit Klärfleisch des Tieres geklärt.

Entenfond

(dunkel, Glace und Consommé)

ZUTATEN

*1 Karkasse von einer Ente, Mirepoix aus je einem mittelgroßen Stück Möhre, Lauch, Sellerie, Zwiebel,
1 Bouquet garni mit Lorbeer, Nelke, 1 Knoblauchzehe, je ½ TL Thymian, Rosmarin, Piment, je ½ rote und grüne Paprikaschote, kleingeschnitten, ¼ l dunkler, trockener Rotwein, je 2 cl Cognac und Portwein,
etwas Pflanzenöl, etwas Tomatenmark*

ZUBEREITUNG

Die Entenkarkasse kleinhacken und mit Öl im Dampfkochtopf recht kräftig anrösten, bis sich ein dunkler Bratensatz gebildet hat. Das Tomatenmark und die Mirepoix sowie die Paprika hinzufügen und gut durchschwenken. Ablöschen mit Rotwein, Cognac und Portwein. Sämtliche anderen Zutaten hinzugeben und den Dampfkochtopf zu etwa drei Viertel füllen. Aufkochen lassen und mehrmals gut abschäumen. Die Flüssigkeit nochmals kurz aufkochen lassen, den Deckel schließen, kurz abdampfen lassen und die Kochstufe II einstellen. Die Garzeit beträgt 20 Minuten.

Nach der Garzeit den Topf abdampfen, anschließend öffnen. Den Fond abpassieren und bis zur Verwendung aufbewahren.

Zur Zubereitung der Glace wird der Fond noch einmal sehr stark eingekocht, bis er dickflüssig ist.

Will man davon eine Consommé herstellen, so wird der Fond mit Klärfleisch des Tieres geklärt.

Kaninchenfond

(dunkel, Glace und Consommé)

ZUTATEN

*1 frischer Kaninchenrücken, Mirepoix
aus je einem mittelgroßen Stück Möhre, Lauch, Sellerie,
Zwiebel, 1 Bouquet garni aus Lorbeerblatt,
Nelke, 1 Knoblauchzehe, je $^1\!/_2$ TL Piment, Koriander und Liebstöckel,
1 Stange Staudensellerie, $^1\!/_4$ l dunkler,
kräftiger Rotwein, 2 cl Portwein, etwas Pflanzenöl*

ZUBEREITUNG

Den Kaninchenrücken waschen und in Stücke hacken oder schneiden. Im Dampfkochtopf sehr stark anrösten, bis sich ein dunkler Bratensatz bildet. Ablöschen mit Rotwein und Portwein. Die Mirepoix hinzugeben und ebenfalls gut anrösten. Die anderen Zutaten hinzugeben und den Dampfkochtopf zu etwa drei Viertel füllen. Aufkochen lassen und mehrmals gut abschäumen. Die Flüssigkeit kurz aufkochen lassen, den Deckel schließen, kurz abdampfen lassen und die Kochstufe II einstellen. Die Garzeit beträgt 20 Minuten.

Nach der Garzeit den Topf abdampfen lassen, anschließend öffnen. Den Fond abpassieren und bis zur Verwendung aufbewahren.
Zur Zubereitung der Glace wird der Fond noch einmal sehr stark eingekocht, bis er dickflüssig ist.
Will man davon eine Consommé herstellen, so wird der Fond mit Klärfleisch des Tieres geklärt.

Rehfond

(dunkel, Glace und Consommé)

ZUTATEN

*1 Karkasse von Rehrücken, Mirepoix aus je einem
mittelgroßen Stück Möhre, Lauch, Sellerie,
Zwiebel, 1 Bouquet garni mit Lorbeer, Nelke, Wacholder, 1 Knoblauchzehe,
je ½ TL Thymian, Rosmarin, Piment,
¼ l dunkler, trockener Rotwein, je 2 cl Cognac und Portwein,
etwas Pflanzenöl, etwas Tomatenmark*

ZUBEREITUNG

Den Rehrücken kleinhacken und mit Öl im Dampfkochtopf recht kräftig anrösten, bis sich ein dunkler Bratensatz gebildet hat. Das Tomatenmark hinzufügen und gut durchschwenken. Ablöschen mit Rotwein, Cognac und Portwein. Sämtliche anderen Zutaten hinzugeben und den Dampfkochtopf zu etwa drei Viertel füllen. Aufkochen lassen und mehrmals gut abschäumen. Die Flüssigkeit nochmals kurz aufkochen lassen, den Deckel schließen, kurz abdampfen lassen und die Kochstufe II einstellen. Die Garzeit beträgt 20 Minuten.

Nach der Garzeit den Topf abdampfen lassen, anschließend öffnen. Den Fond abpassieren und bis zur Verwendung aufbewahren.
Zur Zubereitung einer Glace wird der Fond noch einmal sehr stark eingekocht, bis er dickflüssig ist.
Will man davon eine Consommé herstellen, so wird der Fond mit Klärfleisch des Tieres geklärt.

Lammfond

(dunkel, Glace und Consommé)

ZUTATEN

1 Karkasse von Lammrücken, Mirepoix aus je einem mittelgroßen Stück Möhre, Lauch, Sellerie, Zwiebel, 1 Bouquet garni mit Lorbeer, Nelke, 1 Knoblauchzehe, je ½ TL Thymian, Rosmarin, Piment, je ½ rote und grüne Paprikaschote, kleingeschnitten, ¼ l dunkler, trockener Rotwein, je ½ TL Cognac und Portwein, etwas Pflanzenöl, etwas Tomatenmark

ZUBEREITUNG

Die Lamkarkasse kleinhacken und mit Öl im Dampfkochtopf recht kräftig anrösten, bis sich ein dunkler Bratensatz gebildet hat. Das Tomatenmark und die Mirepoix sowie die Paprika hinzufügen und gut durchschwenken. Ablöschen mit Rotwein, Cognac und Portwein. Sämtliche anderen Zutaten hinzugeben und den Dampfkochtopf zu etwas drei Viertel füllen. Aufkochen lassen, den Deckel schließen, kurz abdampfen lassen und die Kochstufe II einstellen. Die Garzeit beträgt 20 Minuten.

Nach der Garzeit den Topf abdampfen, anschließend öffnen. Den Fond abpassieren und bis zur Verwendung aufbewahren.
Zur Zubereitung der Glace wird der Fond noch einmal sehr stark eingekocht, bis er dickflüssig ist.
Will man davon eine Consommé herstellen, so wird der Fond mit Klärfleisch des Tieres geklärt.

Die Feine Küche und ihre Produkte

WANN WAS AM BESTEN SCHMECKT

Wer optimale Kochergebnisse erzielen will, sollte Naturprodukte verwenden, wenn sie Saison haben, denn dann schmecken sie am besten. Es werden inzwischen viele Produkte rund ums Jahr angeboten. Entweder kommen sie aus fernen Ländern und haben eine lange Reise hinter sich, oder sie sind gezüchtet. Beide Möglichkeiten können nicht für beste, frische Qualität garantieren.

Ein Spinatsalat beispielsweise sollte sehr frisch und aromatisch sein. Das ist aber nur mit Freilandware möglich, das heißt von Mai bis August. Bei Jakobsmuscheln erkennt man nur am Corail, ob sie frisch sind; es ist eben nur zur Saison zwischen Januar und März gut ausgebildet und leuchtend orange. Diese Beispiele kann man endlos fortsetzen.

Sie machen deutlich, wie wichtig es ist, die beste Zeit der Produkte zu kennen.

Damit Sie Ihre Menüs saisongerecht aus Spitzenprodukten zusammenstellen können, ist nachfolgend ein Jahreszeiten-Kalender zusammengestellt:

Der Jahreszeiten-Kalender

Fleisch

Lamm	März	– Juni
Hammel	Oktober	– März
Kalb	März	– September
Rind	Dezember	– März
Schwein	September	– April
Hauskaninchen	Juni	– November

Geflügel

Hühnchen	Juni	– September
Masthuhn	November	– Januar
Kapaun	November	– März
Puter	Oktober	– Januar
Truthahn	Oktober	– Dezember
Gänseleber	Oktober	– April

Wild

Reh	Oktober	– Dezember
Hirsch	Oktober	– Dezember
Hase	September	– Dezember
Kaninchen	November	– Februar
Wildente	Oktober	– Dezember
Fasan	November	– Februar
Taube	Juli	– November
Wachtel	September	– Oktober

Fisch

Aal	Mai	– September
Aalraupe	Dezember	– Januar
Barbe	Oktober	– Februar
Felchen	Mai	– Juli
Forelle	April	– August
Goldbrasse	Oktober	– Januar
Hecht	Juli	– April
Karpfen	September	– April
Lachs	November	– Dezember
Lachsforelle	Mai	– Juni
Makrele	Mai	– August
Matjes	Juni	
Merlan	März	– Dezember
Renke	April	– Juli
Rochen	Februar	– Juni
Saibling	Februar	– September
Schleie	Juli	– März
Scholle	Mai	– September
Seeaal	September	– Januar
Seezunge	April	– Oktober
Zander	April	– August

Schalentiere

Auster	November	– Februar
Clam	Mai	– September
Garnele	März	– Mai
Hummer	April	– September
Jakobsmuschel	Januar	– März
Krebse	April	– September
Krabbe	September	– März
Languste	Juni	– September
Riesenkrabbe	Oktober	– Februar
Miesmuschel	Oktober	– Februar
andere Muscheln	Oktober	– Dezember

Gemüse

Artischocke	Mai	– Juni
Erbsen	Mai	– Juni
grüne Bohnen	Mai	– August
Gurke	Juni	– Juli
Hopfenkeime	April	– Mai
Karotten	Mai	– Oktober
Kartoffeln	Juni	– September
Lauch	August	– November
Morcheln	April	– Mai

Pfifferlinge	Juni	– Oktober
Radieschen	Februar	– Mai
Sauerampfer	April	– Mai
Sellerie	Oktober	– Januar
Spargel	April	– Juni
Steinpilz	Juli	– August
Tomate	August	– Oktober
Trüffel	Dezember	– Januar

Obst

Erdbeeren	Mai	– Juli
Feigen	Juli	– August
Heidelbeeren	Juli	– September
Himbeeren	Juni	– Juli
Johannisbeeren	Juni	– Juli
Kirschen	April	– Juni
Mandarinen	Dezember	– März
Melonen	Juli	– September
Pfirsiche	Juli	– Oktober
Preiselbeeren	September	
Weintrauben	September – Oktober	

GEFLÜGEL

In der modernen Ernährung ist besonders das Fleisch junger Tiere aufgrund des geringen Fettgehalts sehr beliebt. Da es deshalb leicht verdaulich ist, wird es auch als Schonkost empfohlen. Weibliches Geflügel hat zarteres Fleisch.
Da Geflügel aufgrund des hohen Eiweißgehalts im Fleisch rasch verderben kann, sollte es immer so frisch wie möglich verarbeitet werden.
Tiefgekühltes Geflügel immer sofort aus der Verpakkung nehmen und im Kühlschrank auftauen lassen, anschließend sofort zubereiten.
Der Garvorgang von Hausgeflügel wird auf ein Mindestmaß verringert. Erst auf die Keulen gelegt gut anbraten, dann die Brust. Zum Schluß wird das Tier zum Fertigbraten auf den Rücken gelegt. Das Hausgeflügel wird saignant (rosa) gebraten und anschließend je nach Größe und Sorte kürzer oder länger zur Saftbindung ruhen gelassen. Dies gilt für bestes, junges Geflügel.
Größeres Geflügel wird in zwei Gängen serviert, da die Keulen nachgebraten werden müssen. Eine fette Brust wird leicht eingestochen, damit das Fett austreten kann. Die Haut vor dem Tranchieren entfernen.
Kleingeflügel wird nach dem Anbraten in Folie eingeschlagen, da das zarte Fleisch sonst leicht austrocknet.

DAS GEFLÜGEL IN DER NEUEN KÜCHE

Haushühner

Brathähnchen (Poulet)	Vor der Geschlechtsreife geschlachtet. Brustbein ist biegsam. Alter: 7 – 8 Wochen; Gewicht: 700 – 1150 g
Junghühner (Poularden)	Vor der Geschlechtsreife geschlachtet. Brustbein ist biegsam. Alter: über 8 Wochen; Gewicht: über 1450 g, geschlossen, über 1150 g, bratfertig
Jungmasthähne (Kapaun)	Männliche Tiere mit biegsamem Brustbein. Alter: über 8 Wochen; Gewicht: über 1750 g
Suppenhühner	Nach der Geschlechtsreife geschlachtet, mit verknöchertem Brustbeinfortsatz. Alter: 12 – 15 Monate nach einer Legeperiode; Gewicht: 2000 g, lebend, 1500 g, geschlachtet

Enten

Frühmastente (Canette)	Vor der ersten Federreife geschlachtet, Knorpelteile nicht verknöchert, Brustbeinfortsatz biegsam. Alter: 7 – 8 Wochen; Gewicht: 2300 – 2500 g, lebend
Jungenten	Nach der ersten Federreife geschlachtet, Brustbeinfortsatz noch biegsam. Alter: über 8 Wochen; Gewicht: 3000 g
Altenten	Alter: über 1 Jahr, verknöcherte Knorpelteile, verknöcherter Brustbeinfortsatz; Gewicht: ohne Angabe

Gänse

Frühmastgans	Nach Schnellmast vor der ersten Federreife geschlachtet. Knorpelteile nicht verknöchert, Brustbein-

	fortsatz biegsam. Alter: ca. 12 Wochen; Gewicht: 4000 g, lebend	*Entdärmt*	Geschlachtet, gerupft, ausgeblutet, völlig entdärmt
Junge Gans	Nach der ersten Federreife geschlachtet, im Sommer und Frühherbst auf der Weide, anschließend noch gemästet. Alter: bis 12 Monate; Gewicht: 4000 – 5000 g, ausgenommen	*Brat- oder kochfertig*	Geschlachtet, gerupft, ausgenommen; Kopf, Hals, Speise- und Luftröhre, Hals und After sind abgetrennt, genießbare Innereien wie Herz, Leber, Magen, Hals sind beigelegt
Puten	Knorpelteile nicht verknöchert, Brustbeinfortsatz biegsam. Alter von weiblichen Tieren: ca. 20 Wochen, von männlichen Tieren ca. 24 Wochen; Gewicht: bis zu 10 kg, ausgenommen	*Grillfertig*	Entspricht der bratfertigen Herrichtungsform; die genießbaren Innereien sind nicht beigelegt
		Spießfertig	Entspricht der bratfertigen Herrichtungsform; die genießbaren Innereien sind nicht beigelegt, dafür befinden sich aber im Tierkörper Kopf, Hals und Füße
Alte Puten	Knorpelteile und Brustbeinfortsatz sind verknöchert. Alter: über 1 Jahr; Gewicht: ohne Angabe		

Handelsklassen

Handelsklasse	Körper	Brustbein	Fettansatz
A	vollfleischig	breit und lang	gleichmäßig
B	fleischig	ragt nur wenig vor	genügend, Muskulatur zeichnet sich nicht ab
C	mangelhafter Fleischansatz	spitz	unzulänglich

Alle Klassen sind gerupft, gut ausgeblutet, frei von Schmutz und Blut, Herz, Leber, Hals gesäubert, Muskelmagen von der Hornschicht befreit.

Angebotsformen

Geschlossen	Geschlachtet, völlig gerupft, ausgeblutet, nicht ausgenommen, mit oder ohne Kopf und Füße

Kleingeflügel

Dazu rechnet man Tauben und Küken (Poussin), letztere kommen meist als Hamburger Stubenküken in den Handel. Sie sind 4 – 8 Wochen alt und zwischen 250 g und 500 g schwer. Sie werden nur kurz gebraten. Ebenso verhält es sich mit Tauben.

Wildgeflügel

Schußzeiten

Fasan	16. Oktober – 15. Januar
Rebhuhn	1. September – 30. November
Wildente	1. August – 31. Januar
Schnepfe	1. September – 5. April

Waldhühner	Auerhahn, Birkhahn, Waldschnepfe, Krammetsvogel, Wachtel
Feldhühner	Fasan, Rebhuhn, Schneehuhn
Wasserhühner	Wildente (Stock-, Krick- und Knakente), Sumpfschnepfe
Fasan	Biegsames Brustbein, junge Tiere haben nur einen Spornansatz, ältere Tiere haben einen langen sichelartigen Sporn. Flugfeder spitz

Rebhuhn	Gelbe Füße. Alte Tiere haben graue Füße, Flugfeder spitz
Wildente	Leicht einreißbare Schwimmhäute, biegsames Brustbein
Wachtel	Sie werden heute gezüchtet. Falls sie zu fett sind, werden sie meist gebalgt, d.h. die Federn werden mit der Haut und dem Fettansatz abgezogen
Perlhuhn	Schwarz – mit weißen Tupfen. Wird meist gezüchtet

WILD

Schußzeiten

Reh	16. September	– 31. Januar
Bock	16. Mai	– 15. Oktober
Hirsch	1. August	– 31. Januar
Wildschwein	16. Oktober	– 15. Januar
Hase	16. Oktober	– 15. Januar

Wild ist die Bezeichnung für alle jagbaren Säugetiere und Vögel. Unter Wildbret dagegen versteht man auch die erlegten Tiere in zerwirktem oder unzerwirktem Zustand.

Haarwild	Schalenwild (Huftiere) Tatzenwild (Hasen, Kaninchen, Bären)

Zum Schalenwild zählen: Rot- und Damwild, Rehwild, Schwarzwild.
Im Vergleich zum Schlachtfleisch enthält Wild weniger Fett, dafür aber mehr Eiweiß sowie Mineralsalze. Es ist leicht verdaulich, blutbildend, appetitanregend und deshalb als Schonkost gut geeignet.
Wildfleisch unterliegt einem schnellen Verderb. Das Wild wird auf der Strecke aufgebrochen. Federwild, außer Schnepfen und Krammetsvögel, bekommen nach dem Erlegen nur die Därme gezogen. Hasen und Federwild werden erst vor der Verarbeitung ausgenommen. Haarwild soll in der Decke, Federwild im Kleid abhängen.
In der Neuen Küche wird es nur 2 – 3 Tage abgehangen, nicht in einer Beize aufbewahrt, sondern frei verwendet, um den reinen und natürlichen Wildgeschmack zu erhalten.

Das Reh

1. Jahr	Kitz oder Spießer
2. Jahr	Schmalreh (aufgebrochen ca. 11 – 14 kg)
3. Jahr	Ricke oder Geiß, männlich: Bock

Das Fleisch sollte leuchtend rot und dicht, die Fleischfaser fein, die Rippenknochen sollten leicht brechbar sein.

Der Hase

Die Häsin setzt dreimal im Jahr 3 – 4 Junge. Am besten sind Waldhasen im Alter von 3 – 8 Monaten. Hasen haben im Gegensatz zu Kaninchen dunkles Fleisch.
Alter: nicht älter als ein Jahr; Gewicht: nicht mehr als 4 kg; Kopf: spitz.

Der Hirsch

Nur junge Tiere bis zu 3 Jahren liefern gutes Fleisch. Männliche Tiere werden bis zu 200 kg schwer, weibliche etwa die Hälfte. Für die Küche sind nur sehr junge Hirsche interessant. Die Altersmerkmale sind dieselben wie beim Reh. Der Damhirsch ist eine kleinere Hirschart mit Schaufelgeweih.

FISCHE

Die verschiedenen Arten

Salmoniden	Fische mit einer Fettflosse am hinteren Ende des Rückens (Forellen, Saiblinge, Lachse, Renken)
Edelfische	ist nur ein küchentechnischer Begriff. Dazu zählen die Forelle, der Lachs, der Steinbutt, die Seezunge, der Heilbutt usw.
Schleimfische	Fische mit Schleim auf der Haut. Sie werden »blau« gekocht; den Schleim nicht abziehen
Salm/Lachs	Lachse, die zur Laichung die Flüsse aufsteigen und dann gefangen werden, sind Salme; die im Meer gefangenen Fische sind Lachse

Ihre Bedeutung in der Neuen Küche

Hier spielen Fische eine bedeutende Rolle. Durch den geringen Gehalt an Bindegewebe ist Fischfleisch erheblich leichter verdaulich als Schlachtfleisch.

Eiweiß	Das Fisch-Eiweiß enthält ca. 20% essentielle Aminosäuren
Fett	Besonders leicht verdaulicher Fettanteil mit überwiegend mehrfach ungesättigten Fettsäuren
Minerale	Bedeutender Gehalt an Jod und Phosphor
Vitamine	A und D

Lagerung

Das Fisch-Eiweiß wird nicht durch Bindegewebe geschützt. Dies bedeutet, daß das Eiweiß leicht durch Wasser ausgeschwemmt werden kann. Deshalb niemals wässern oder in Wasser liegend aufbewahren, sondern auf Eis oder mit Eis bedeckt lagern. Auch keinesfalls trocken lagern, da die Fische sonst austrocknen.
Der Verderb der Fische wird durch Oxidation des Eiweißes mit dem Luftsauerstoff hervorgerufen. Das läßt sich leicht am Geruch des Fisches feststellen.
Um dem entgegenzutreten, sollen Fische niemals bereits filiert aufbewahrt werden, sondern erst à la minute filiert und Schalen- und Krustentiere à la minute ausgebrochen werden. Peinliche Sauberkeit und kurzes Abspülen des ausgetretenen Blutes bzw. des durch das Eis gelösten Eiweißes sind unbedingt erforderlich.

Garmethoden

Das Garen von Fischen bedarf der größten Sorgfalt, da durch unsachgemäßes Behandeln auch der beste und frischeste Fisch an Geschmack und Nährwert verliert. Die Wahl der Garmethode richtet sich nach Beschaffenheit und Art des Fisches. Nachfolgend sind die wichtigsten Grundrezepte für die verschiedenen Garmethoden zusammengestellt:

Braten

Die Garung durch Braten wird auch in der Neuen Küche angewandt. Dazu eignen sich Fische wie der Rouget de Roche, der Zander, der Vive, die Lotte usw.

- Den Fisch trockentupfen, bevor er in Fett gelegt wird
- Erst unmittelbar vor dem Braten salzen, da die hygroskopische Wirkung des Salzes den Saft auszieht
- Beste Fette verwenden (Wasser im Fett reißt die Haut auf)
- Bei guter Hitze anbraten und bei linder Hitze fertig garen
- Den Fisch in heißes Fett legen, damit das Eiweiß an der Oberfläche sofort gerinnt und der Fisch sich nicht mit Fett vollsaugen kann
- Unbedingt Garungsgrad verfolgen. Der Fisch soll saftig bleiben, ja im Kern sogar leicht rosa sein
- Niemals im Fett liegenlassen, sondern nach der Garung sofort ausheben

Dämpfen

Das Garen im Dampf ist die schonendste Methode und deshalb in der Neuen Küche besonders beliebt. Zum Dämpfen eignen sich Fische mit feiner Fleischstruktur und zartem Aroma. Dazu zählen: Seezunge, Merlan, Loup de mer, Kretzer (Egli) und Dorade etc.

- Den Fisch kurz abspülen und trockentupfen
- Mit Fleischfond oder Gemüsefond dämpfen
- Für Gemüsefond eignen sich Selleriekraut und Lauch besonders gut, aber auch andere Gemüse
- Der Fisch sollte nicht mit dem Sud, sondern nur mit dem Dampf in Berührung kommen
- Das Dampfgefäß bzw. das Dampfgerät muß gut verschlossen sein
- Garungsgrad stets verfolgen. Zu langes Dämpfen laugt den Fisch aus und macht ihn strohig und trokken. Wie beim Braten soll der Fisch saftig und im Kern leicht rosa bleiben

Poëlieren

Poëlieren ist eine weitere sehr schonende Garmethode, da der Fisch in kurzem Sud unter dem Siedepunkt gar gezogen wird. Der aromatisierte Fond wird dann zur Saucenbildung verwendet.
Poëliert wird in einer Reine auf Gemüse und Gewürzen, Schalotten und Weinen bzw. Fumets. Die Reine wird zum Schutz des Fisches vor dem Austrocknen mit Alufolie abgedeckt.

Marinieren

Roh marinierte Fische zählen zu den gegarten Fischen, da Salz eine garende Wirkung hat. Besonders in der

Neuen Küche hat das »Marinieren à la minute« eine wichtige Stellung.
Es eignen sich dafür besonders gut: Loup de mer, Saint Pierre, Bachforelle, Lachs, Rouget de Roche etc.
Es kommen dafür nur die frischesten und besten Fische in Frage. Der Fisch wird sehr dünn tranchiert und mit Salz, Pfeffer und Aromaten (Kräuter, grüner Pfeffer etc.) gewürzt.
Die Dauer der Garzeit wird durch sehr linde Wärme verkürzt. Der Fisch ist gar, sobald er seinen natürlichen Glanz verloren hat und leicht perlmuttartig erscheint. Nicht zu lange ziehen lassen, da der Fisch schnell austrocknet.

Fischfarcen

Dafür eignen sich Fische mit einem kräftigen Aroma. Fische mit schwachem Aroma können durch Mischen mit Hechtfleisch aufgewertet werden.
Wichtig ist die richtige Konsistenz der Farce sowie der ausgewogene Fettgehalt. Fette Fische müssen deshalb mit mageren gemischt werden. Ein zu hoher Fettgehalt verhindert die Bindung.
Eine Fischfarce muß stets gut gekühlt hergestellt und verarbeitet werden, da sonst die Emulsion von Fett und Eiweiß nicht hält.
Beispiel: Lachs (fett) 1:1 mit Hecht (mager)
Aal (sehr fett) 1:2 mit Hecht (mager)
Entsprechend sind andere Mischungen abzuleiten.

Herstellung

Das gut gekühlte Fischfleisch in kleine Würfel schneiden. Anschließend im Mixer pürieren oder durch die feinste Scheibe des Fleischwolfs drehen.
Die Schüssel auf Eis stellen. Die Eiweiß einzeln unterziehen, dabei die Farce so lange mit einem Holzlöffel schlagen, bis eine homogene Bindung entstanden ist. Die Farce 2 Stunden im Kühlschrank ruhen lassen, dann durch ein Haarsieb streichen. Nun langsam in kleinen Portionen die Sahne unterziehen und wieder jedesmal gut aufschlagen. Die Farce darf nicht zu dünn gehalten werden. Zum Schluß würzen.

Proportionen einer Fischfarce

I. 500 g ausgegrätetes Fischfleisch (entsprechend gemischt)
2 – 3 Eiweiß
1/2 l Sahne
Salz, Pfeffer, Cayenne (Salz kann durch Cayenne ersetzt werden)

II. 500 g ausgegrätetes Fischfleisch (entsprechend gemischt)
3 – 4 Eiweiß
1 Ei
300 g Sahne
Cayenne und Pfeffer

III. 500 g ausgegrätetes Fischfleisch (entsprechend gemischt)
4 Eiweiß
300 g Sahne (1:1 mit Crème fraîche gemischt)
Cayenne und Pfeffer

GEMÜSE

Es wird nur frisches Gemüse akzeptiert. Jedoch nicht jedes ist für die Neue Küche geeignet. Grundsätzlich müssen diese Gemüse folgende Voraussetzungen erfüllen:

– Es muß sehr jung und ungedüngt (vor allem nicht chemisch) sein.

– Freiland- und kein Treibhausgemüse. Gemüse benötigt zur Entfaltung seines vollen natürlichen Geschmacks Sonnenlicht und Wärme, Regen und die natürlichen Mineralsalze der Erde.

– Es soll auf kürzestem Weg in die Küche gelangen.

– Es soll frei von Schädlingsbefall sein und darf keine Druckstellen aufweisen.

– Weil Gemüse und Obst nur in bestimmten Regionen ihr optimales Klima vorfinden, ist es unerläßlich, diese Produkte von dorther zu beziehen.

Die Produkte müssen mit größter Sorgfalt behandelt und so schnell wie möglich verarbeitet werden, um soviel Vitamine und Minerale wie möglich zu erhalten.

Lagerung

– Im Keller oder Gemüsefach des Kühlschranks.

– Die Ware soll ausgebreitet gelagert werden.

– Gemüse, Salate und Früchte nie mit Kartoffeln zusammen lagern, da die ätherischen Öle die Kartoffeln zur Keimung anregen.

Optimale Behandlung

Der hohe Gehalt an Mineralen und Vitaminen erfordert eine vorsichtige Behandlung. Denn:

Vitamine und Minerale sind wasserlöslich. Daher:

- Kurz und gründlich waschen, nie wässern
- Wurzelgemüse nur bürsten (Vitamine und Minerale liegen direkt unter der Schale)
- Bei Trockenobst und Trockengemüse (z. B. Linsen) Einweichwasser mitverwenden

Gemüse enthält viel Eigenwasser. Deshalb:

- Nicht viel Wasser zufügen
- Dämpfen und Dünsten sind gut geeignete Garmethoden

Gemüse (und Salate) enthalten empfindliche Vitamine. Deshalb:

- Nicht zu lange zerkleinert liegenlassen
- Keine zu großen Töpfe verwenden
- Wenig umrühren
- Immer zugedeckt garen
- So kurz wie möglich garen

Wenn möglich, sollte auf Blanchieren verzichtet werden, da ein Verlust an Vitaminen und Mineralen eintritt.

In folgenden Fällen ist es aber vorteilhaft, so z. B.

- zum Säubern (Staudensellerie, Fenchel)
- zum Vorgaren
- zur Farberhaltung (Spinat)
- zur besseren Verdauung (blähende Gemüse)
- zur Geschmacksverbesserung (Winterkohl)

Zubereitung

Die Gemüse werden à la minute zubereitet. Lieber auf das Blanchieren verzichten, um den Nährwert voll zu erhalten. Unter Zugabe von sehr wenig Wasser, Salz und schwarzem Pfeffer aus der Mühle werden die Gemüse in der geschlossenen Sautoise bißfest à point gegart. Hierbei ist die unterschiedliche Gardauer der einzelnen Gemüsearten zu beachten.

Folgende Würzmittel eignen sich gut und erhalten das Eigenaroma:

Der Zusatz von Salz hat nicht nur die Aufgabe, das Gemüse zu würzen (man könnte auch Cayenne verwenden), sondern es entzieht durch seine hygroskopische Funktion dem Gemüse Wasser (deshalb sehr wenig Wasser hinzufügen) und erhält bzw. kräftigt den Farbgehalt des Gemüses (speziell bei Bohnen und Winterkohl).

Das Würzen mit Kräutern kommt weniger in Frage, da die Gemüse durch ihren Eigengeschmack überzeugen. Zu empfehlen sind:

- Schalotten, gehackt
- Walnüsse, gehackt
- Parmaschinken (ohne Fett), gewiegt
- wenig frische Butter

Eine weitere Möglichkeit, Gemüse zuzubereiten, ist, sie in einer Marinade zu marinieren. Das geht folgendermaßen:

- Das Gemüse putzen, tournieren (zurechtschneiden) und bereitstellen (d.h. in feuchte Tücher wickeln)
- In kochendem Salzwasser kochen (je nach Art offen oder geschlossen)
- In Eiswasser abschrecken
- Inzwischen Marinade herstellen, bestehend aus frisch geschälten und gehackten Schalotten, frischer Süßrahmbutter, Salz, schwarzem Pfeffer aus der Mühle, wenigen Tropfen Weißwein
- Zur Marinade geschmacksbestimmende bzw. -orientierte Kräuter (frisch gezupft und frisch gehackt) hinzugeben
- Das abgeschreckte Gemüse zur Marinade geben und 2 Minuten ziehen lassen, abtropfen und anrichten

Anmerkung

Die Auswahl der Kräuter richtet sich jeweils nach dem Gemüse (z.B. haricots verts mit Kerbel und Schnittlauch) und nach der Sauce, damit eine leichte Geschmacksnuancierung zwischen Gemüse und dem Produkt hergestellt wird.

Die Butter wird in einigen Fällen durch kaltgeschlagenes Öl oder Mischungen wie Nußöl, Olivenöl, Traubenkernöl ersetzt.

Soll dem Gemüse ein Hauch von Knoblauch vermittelt werden, so wird der Marinade eine angedrückte ungeschälte Zehe beigelegt. Im geschlossenen Gefäß läßt man nun das Gemüse mit der Marinade und der Knoblauchzehe ca. 4 – 5 Minuten ziehen. Dadurch entwickelt sich ein sehr feiner und angenehmer Knoblauchgeschmack.

SALATE

Man unterscheidet:

- einfache Salate
- gemischte Salate
- zusammengesetzte Salate

Diese Gruppen lassen sich wiederum einteilen in:

- Blattsalate
- rohe Gemüsesalate (Rohkostsalate)
- gekochte Gemüsesalate
- Salate von Früchten (heimische und exotische Früchte)
- Salate von Fisch, Fleisch, Pilzen

Einige Salatkompositionen

Bresse	Bohnen, Tomaten, Artischocken, Salade frisée, Vinaigrette, blanchiertes Kräuterpüree
Châtelaine	Kartoffeln, Artischocken, Ei, Trüffel, Vinaigrette, Estragon
Everad	Champignons, Artischocken, roter Paprika, Tomate, Staudensellerie, Trüffel, Senfmayonnaise
Franchette	Julienne von Champignons, Trüffel, Hühnchenbrust, Kopfsalat, Vinaigrette
Francillon	Kartoffelscheiben mit Muscheln, mariniert mit Chablis, Trüffel, Vinaigrette
Gauloise	Kartoffeln, Champignons, Artischocken, Trüffel, Mayonnaise
Hollandaise	Kartoffeln, Lachs, Kaviar, Zwiebeln, Zitrone, Schnittlauch
Connaisseur	Sellerie, Huhn, Trüffel, Tomate, grüner Spargel, Mayonnaise
Mignon	Artischocken, Garnelen, Trüffel, Salade frisée, Rahmmayonnaise und Cayenne
Monte Christo	Hummermedaillon, Kartoffeln, Eier, Trüffel, Salatherz, Senfmayonnaise
Nantaise	Garnelen, Räucherlachs, Spargelköpfe, Salade frisée, Kräuterpüreemarinade
Grand Venuer	Fasanenbrust, Champignons, Staudensellerie, Trüffel, Senfmayonnaise, Meerrettich
Oxford	Hühnchenfleisch, Tomate, Gurke, Trüffel, Salade frisée, Ei, Estragon-Vinaigrette
Trédern	Krebsschwänze, Austern, grüner Spargel, Trüffel, Mayonnaise mit Krebsmark
Trüffel	Dünne Trüffelscheiben, gehackte Kräuter, Zitrone, Vinaigrette auf Salade frisée
Landaise	Salade frisée, Lachs, Gänseleber, Bohnen, Trüffel, Kräuterpüree-Vinaigrette

DIE SAUCE MACHT'S – AUCH BEIM SALAT!

Auch für Salatsaucen ist es unerläßlich, nur die allerbesten Zutaten zu verwenden, d. h. die Qualität von Essig und Öl muß einfach erstklassig sind.

Nachfolgend eine kleine Warenkunde:

Essig

Essig wird mittels Essigbakterien aus Wein, Obstwein oder anderen alkoholischen Flüssigkeiten gewonnen. Die Qualität wird bestimmt durch Verwendung der speziellen alkoholischen Flüssigkeiten.

- Speise- oder Tafelessig mit mindestens 2,5% Essigsäure
- Roter und weißer Einmachessig mit mindestens 5% Essigsäure
- Doppelessig mit 7% Essigsäure
- Kräuteressig mit Kräuterauszügen wie Estragon oder Gurken
- Holz- oder Räucheressig (für industrielle Zwecke)

Öl

Je hochwertiger das Öl für den Salat ist, desto bekömmlicher und bedeutender ist der Salat.

Der Salat hat in der Menüfolge nicht nur einen erfrischenden Charakter, sondern ergänzt andere Speisen der Menüfolge in bezug auf Vitamine, Mineralstoffe, Ballaststoffe und fördernde Stoffe (Würz-, Aroma- und Genußstoffe) zu einer vollwertigen Nahrungsaufnahme.

Verschiedene Vitamine im Salat können nur unter Zusatz von Fett, d.h. im Salat das Öl (fettlösliche Vitamine), vom menschlichen Körper aufgenommen werden. Dadurch ergibt sich die Bedeutung des Öls im Salat.

Pflanzliche Öle sind lebensnotwendig, da sie überwiegend aus mehrfach ungesättigten Fettsäuren bestehen. Sie haben die Eigenschaft, den Cholesterinspiegel im Blut zu senken und damit der Arterienverkalkung vorzubeugen.

Diese Öle eignen sich am besten zur Salatzubereitung:

– Sonnenblumenöl
– Erdnußöl
– Olivenöl

Salatsaucen

Vinaigrette (Grundrezept)	1 Teil Rotweinessig mit Salz und Pfeffer aus der Mühle schaumig schlagen, 3 Teile Olivenöl langsam unterrühren, bis sich eine homogene Sauce bildet
Estragon-Vinaigrette	aus Estragonessig; mit Salz und Pfeffer aus der Mühle, Dijon-Senf, Eigelb und einer Messerspitze Paprika abschmecken, mit Zitronensaft und Erdnußöl aufschlagen
Zitronen-Vinaigrette	aus 1 Teil Zitronensaft und 6 Teilen Öl, Salz und Pfeffer aus der Mühle; das Öl kann durch die gleiche Menge Sahne ersetzt werden
Schalotten-Vinaigrette	Feingewiegte Schalotten mit Salz und Pfeffer vermengen, etwas Dijonsenf, wenig Fleischglace und Worcestersauce, aufgeschlagen im Verhältnis 1:3, hinzufügen, zum Schluß Erdnußöl
Sahnesauce	Flüssige Sahne mit Zitronensaft oder Weinessig, Salz und Pfeffer aus der Mühle aufgeschlagen. Je nach Geschmack mit etwas Dijon-Senf abschmecken
Specksauce	Mageren Bauchspeck fein schneiden und ohne Fett braten. Mit Salz und Pfeffer aus der Mühle würzen und mit heißem Rotweinessig aufgießen. Je nach Geschmack können folgende Zusätze verwendet werden: Curry, Paprika, gehackter Knoblauch, Schalotten und frische Kräuter (jedoch nur in kleinen Mengen)
Roquefortsauce	In ca. 1/4 l Grund-Vinaigrette wird ca. 40 g passierter Roquefort untergemischt
Quark-(Joghurt-) Sauce	Magerquark, Zitronensaft, Salz, Pfeffer, viel Schnittlauch unterheben
Mayonnaise-Sauce	3 Eigelb mit Salz und Pfeffer verrühren, 1/2 l Öl langsam unterschlagen, bis die Konsistenz cremig ist, mit Zitronensaft und Salz und Pfeffer abschmecken

Zusätze

für Remoulade	Senf, Gurken, Kapern, Sardellen, Estragon, Schalotten
für Tartar	Zwiebeln, Schnittlauch, gehacktes Ei
für Verde	blanchiertes Kräuterpüree
für Tyrolienne	a) warm, mit Öl aufgeschlagen, außerdem: Tomaten, Petersilie, Estragon b) kalt mit Tomatenmark, Petersilie, Estragon
für Italienne	Schlagsahne, Zitronensaft, passiertes Kalbshirn

für Cocktail	Ketchup, Cognac, Schlagsahne, Meerrettich, Cayenne, Orange, Zitronen
für Chantilly	Schlagsahne

Kalte Spezialsaucen, die auch zu Terrinen, Pasteten, Fleisch, Fisch und Geflügel passen:

Cumberland	Johannisbeergelee, Portwein, blanchierte Julienne von Orangen und Zitronen, in Rotwein braisiert, Orangensaft, Zitronensaft (dann gekocht), englischer Senf, Ingwer, Schalotten
Oxford	wie Cumberland, mit Raspeln von Orangen- und Zitronenschale, gehacktem Ingwer
Habsfeld	mit Hagebuttengelee, Rotwein, Pomeranzenschale, Senf
Ravigote	Vinaigrette mit Kapern und Gurken etc. (wie Remoulade)
Menthe	Zucker karamelisieren, mit Essig ablöschen, mit Wasser aufkochen, frische gehackte Pfefferminze
Kräutersenfsauce	süßer Senf mit gesiebtem Puderzucker, Eigelb, Salz, Pfeffer aus der Mühle, Erdnußöl, Zitronen, feingehacktem Dill

BRÜHEN, SAUCEN + FARCEN

Drei Grundzubereitungen, die in der Neuen Küche unerläßlich sind.

Rinderkraftbrühe

Grundzubereitung

- Frische Kalbsrückenmarkknochen sehr fein hacken und ohne Fettzugabe bräunen
- Mehrmals mit sehr trockenem, kräftigem Rotwein ablöschen und reduzieren
- Nach dem letzten Ablöschen ein feingehacktes Suppenhuhn (fett) hinzugeben
- Mit kaltem Wasser aufgießen, sehr langsam erhitzen, nicht kochen, sondern nur leicht sieden lassen
- Den Schaum sorgfältig abschöpfen
- Ein Stück feingeschnittenen Rinderhals oder Tafelspitz hinzugeben
- Sobald kein Schaum mehr auftritt, bouquet garni hinzugeben
- Nach ca. 3 Stunden feingeschnittene Mirepoix, Petersilienwurzel, Selleriegrün und ein Wirsingherz hinzugeben
- Nach einer weiteren Stunde vom Herd nehmen und ca. 2 Stunden ruhen lassen

Anmerkung

Durch diese moderne Methode erhält die Brühe einen sehr fleischigen Geschmack. Die goldgelbe bis rötlichbraune Farbe wird durch das Karamelisieren der Kalbsknochen erreicht.
Die Brühe wird, so zubereitet, optimal klar, so daß zusätzliches Klären nicht nötig ist.

Tomatensauce

Grundzubereitung

- Frische, sehr reife Tomaten überbrühen, häuten und entkernen
- Das Tomatenfleisch mit einer Gabel zerdrücken und das ausgetretene Fruchtwasser weggießen
- Das übrige Fruchtfleisch sehr kurz pürieren
- Mit sehr wenig Salz und Cayennepfeffer abschmecken
- Langsam unter ständigem Rühren erhitzen, nicht aufkochen
- Zur Abrundung frisch gezupfte Majoranblätter hinzugeben.

Tomatensuppe wird ebenso hergestellt und mit Fleisch- oder Geflügelbrühe aufgegossen.

Beurre blanc

- Reduktion von 2 Teilen trockenem Weißwein (Entre-Deux-Mers) und 1 Teil Sauternes
- Aufschlagen von Süßrahmbutter
- Sehr fein geschnittene, geschälte Schalotten hinzugeben und ziehen lassen

- Abpassieren und 1 EL 34%ige Crème double zufügen und schaumig schlagen
- Abschmecken mit Cayennepfeffer und wenigen Tropfen Xérès-Essig

Saucenvarianten

Die hier besprochenen Saucentechniken basieren alle auf einer Reduktion von Weißwein, Rotwein oder Essig, d.h. es wird für alle Verfahrensarten zuerst eine entsprechende Reduktion hergestellt.
Nach Fertigstellung der Saucen werden sie mit Essig oder Zitronensaft gesäuert, um das Fett in der Sauce aufzuschließen und somit besser verdaulich zu machen. Kräuter, Aromate und Schalotten werden immer frisch geschnitten bzw. frisch geschält und gehackt im letzten Augenblick in die Sauce gegeben. Dadurch wird gewährleistet, daß die Farbe der Kräuter erhalten bleibt, die Schalotten keinen seifigen Geschmack vermitteln und das Aroma der Sauce frisch und abgerundet ist.

A **Fond und Sahne** (fast gleiche Menge) hinzugeben – Reduktion bis zur Bindung (auch Mischung von Sahne und Crème fraîche möglich) –, je nach Sahneanteil schmeckt die Sauce leicht süß. Moussierung der Sauce durch geschlagene Sahne.

B **Fond** wird allein reduziert – wenig Crème fraîche hinzugeben – kurz reduzieren zur leichten Bindung; montieren mit wenig geschlagener Sahne oder Champagner – so wird die Sauce leichter und schön moussierend.

C **Glace** wird mit etwas Crème fraîche gebunden – leicht reduziert und montiert mit geschlagener Sahne, Champagner oder Butterflocken.

D **Fond** wird alleine reduziert – montiert mit kalten Butterflocken und mit geschlagener Sahne stabilisiert. Im Gegensatz zur Beurre blanc wird diese Sauce flüssiger.

E Bratenstück blond anbraten – auf Alufolie in der Röhre saignant braten –, ruhen lassen, in die leicht abgekühlte Kasserolle Butterflocken geben, Rôti gegebenenfalls nachbräunen. Ablöschen mit dem Jus – zur leichteren oder gegebenenfalls stärkeren Bindung unter kräftigem Schlagen reduzieren.

F Den Fond mit Aromaträger reduzieren (z. B. grüner Pfeffer), Crème fraîche hinzugeben und mit geschmacks- und farbgebenden Stoffen (Spinat etc.) mixen – abpassieren, dann nicht mehr reduzieren, da die Farbe unansehnlich wird.

Die Sauce wird auf Basis einer Vinaigrette mit oder ohne Reduktion von Weinen – mit Sahne, Crème fraîche oder Joghurt – nur durch leichte Erwärmung legiert. Methode A B C D F – Bindung der Sauce durch Mixen von Sahne, Crème fraîche etc. mit dem Aromaträger (Gemüse, Gänsestopfleber etc.).
Geflügel braten und auslösen – Karkassen kleinhacken und im Bratfett anrösten, ablöschen und reduzieren; auffüllen mit Fond und anschließend reduzieren – Methode A B C.
Geflügel braten und auslösen, Karkassen kleinhacken und in die Presse geben; den ausgetretenen Saft zur Weinreduktion geben und montieren. Gegebenenfalls kalte Butterflocken unterschlagen.
Farcen für Pasteten, Terrinen und Mousses sollten so leicht wie möglich, dennoch schmackhaft und aromatisch sein.

Farcen-Herstellung

Die Zubereitung von Farcen hängt nicht nur von den Grundmaterialien wie Fisch, Fleisch, Wild und Gemüse ab, sondern auch von der Emulgation der jeweiligen Zutaten.
Dazu ist ein ausgewogener Fettanteil erforderlich. Am besten sind hochwertige, also pflanzliche Fette, die einen großen Anteil an mehrfach ungesättigten Fettsäuren aufweisen.

Bindung

Eine Farce emulgiert, wenn sämtliche Zutaten binden, d. h. die Farce eine homogene Masse ist. Um die Emulgation der Zutaten zu erleichtern, insbesondere um eine schnelle Bindung zu erreichen, die eine Herstellung einer Farce à la minute zuläßt, wird eine emulgationsfördernde Masse hergestellt:
In den Mixer werden auf ca. 250 g fertige Farce folgende Emulgatoren gegeben:
1 ganzes Ei (sehr frisch)
1/2 dl frische Milch (ggf. Sahne)
1/2 dl Pflanzenöl (mehrfach ungesättigte Fettsäuren)
nach Bedarf Gewürze
Fumets (Glace, evtl. wenig Alkohol)
Diese Zutaten werden im Mixer kurz bei hohen Touren gemixt, was die Bindung der anderen Zutaten in kürzester Zeit ermöglicht.

Fertigstellung

Zu dieser Emulsion werden die sehr klein geschnittenen Grundbestandteile der jeweiligen Farce in kleinen Mengen hinzugegeben und bei hohen Touren weiter gemixt. Anschließend wird die cremeartige Masse durch ein Haarsieb gestrichen.

Geschmacksgebung

Eine Kalbfleischfarce wird beispielsweise nur mit Salz und weißem Pfeffer aus der Mühle, wenig Cayenne, etwas trockenem Weißwein (Aligoté) für eine Stunde mariniert.
Je nach den Grundzutaten wird dieses Beispiel angepaßt. Das Fumet einer Farce läßt sich auch durch reduzierte Fonds, Gemüsepürees und den Zusatz von geschmacksbestimmenden Stoffen (passierte Gänsestopfleber, Kalbsleber u.a.m.) erreichen.

Lockerung

Eine Lockerung von Farcen erreicht man durch den Zusatz von geschlagener Sahne, stark reduziertem und gelierendem Fond, der anschließend gut schaumig geschlagen wird.

Soufflés auf Farcen-Basis

Farcen lassen sich auch für Soufflés aller Art verwenden. Dafür darf die Farce nicht zu dicht sein und muß mit natürlichen Triebmitteln wie geschlagener Sahne oder Eischnee versetzt werden.

NUDELN & CO.

Nudelteig	1 kg Mehl, 300 g Eier, Salz (statt Mehl auch Grieß), ruhen lassen, antrocknen und schneiden
grüne Nudeln	Nudeln mit Spinatmasse gefärbt
Lasagne	Breite Nudeln (Platten, weiß oder grün) gekocht, in der plat russe mit Füllung (Käsecreme, bolognaise etc.) gebacken
Ravioli	Nudelteig mit etwas Öl, Farce: Schmorbraten, Kalbshirn, Spinat, Gewürze, Demiglace und Eigelb, auf Feuer abgerührt
Cannelloni	Ravioliteig in Platten, gekocht, mit Raviolifarce, Käsecreme, Duxelle etc. gefüllt, mit Sauce nappiert, gratiniert (Rollen)
Polenta	Maisgrieß in Bouillon gekocht, z. T. mit Käse vermischt, Beilage zu Gulasch
Römische Nocken	1 l Milch, 100 g Butter aufkochen, ca. 200 g Grieß, Salz, Muskat durchkochen, 3 Eigelb unterrühren, auf abgespültes Blech streichen, mit Eigelb bestreichen, mit Parmesan bestreuen, abkühlen lassen, Halbmonde ausstechen und gratinieren
Tarhonya	Nudelteig in Scheiben geschnitten, getrocknet, durch grobes Sieb gedrückt, nochmals getrocknet und am nächsten Tag wieder durchs Sieb gedrückt. Mit Zwiebeln und Paprika angeschwitzt, Wasser aufgefüllt, garen oder auch direkt in einem Saucengericht mitkochen (eine Art Knöpfli)

KARTOFFELN

Soufflés auf Farcen-Basis

- sehr frühreife Kartoffeln
  (zum sofortigen Verzehr für Salate, Salzkartoffeln oder Bratkartoffeln – Sorten: Erstling, Hela, Sieglinde)

- frühreife Kartoffeln
  (wenig mehlig für Salate etc.)

- mittelfrühe Kartoffeln
  (gute Qualität zum Einkellern – Sorten: Bintje, Grate, Clivia)

- mittelspäte Kartoffeln
  (nur teilweise zum Einkellern, für Püree, Puffer, Reibekuchen, Klöße, Suppen – Sorten: Maritta, Dasura)

Garmethoden

Blanchieren	a) in Wasser (Schloß-, Nuß-, Olivenkartoffeln) b) in Fett (pommes frites, allumettes etc.)
Kochen	in Wasser oder in Bouillon
Dämpfen	mit Siebeinsatz über Wasser
Braten	in Butter oder in Fett
Rösten	in der Stielpfanne mit Butter aus vorgekochten Kartoffeln
Backen	dabei unterscheidet man das Backen im Ofen wie pommes au four und das Ausbacken in der Friture
Gratinieren	vorgekochte Kartoffeln mit Ei, Käse, Sauce etc., im Ofen oder Salamander gratiniert

Zubereitungsarten

Püree	Die Kartoffeln kochen, abschütten, trocknen lassen, mit dem Holzlöffel Butter unterarbeiten, Salz, Muskat zugeben und mit dem Schneebesen heiße Milch unterrühren, mit Sahne verfeinern
Duchessemasse	Gekochte Kartoffeln abschütten und auf einem Blech im Ofen gut trocknen lassen. Durch ein Sieb drücken oder passieren und mit Butter, Salz, Muskat und pro kg Kartoffeln 2 – 4 Eiern verarbeiten
Allumettes	Streichholzform, in der Friture ausbacken
Anna	In 3 mm dicke, runde Scheiben schneiden, schichtweise in Timbaleform mit viel Butter eingelegt, im Ofen backen, dann stürzen (evtl. etwas Fond)
Bataille	Würfel schneiden, blanchieren, in der Friture oder Pfanne ausbacken
Croquettes	Dauphinemasse zu Klößchen geformt, in Fett gebacken (oder auf Butterbrotpapier dressiert und in Fett tauchen)
À la dauphinoise	Mit Milch oder Sahne bereitet
Duchesse	Duchessemasse aufgespritzt, mit Eigelb bestrichen und im Ofen gebacken
Au four	Große, ungeschälte Kartoffeln in Stanniol verpackt und im Ofen gebacken
À la lyonnaise	Bratkartoffeln mit gedünsteten Zwiebelscheiben
Macaire	Duchessemasse mit Speck, Zwiebeln und Petersilie vermischt, gerollt und in Scheiben geschnitten, in wenig Fett in der Pfanne gebraten

FRÜCHTE UND BEEREN UND WAS MAN ÜBER SIE WISSEN SOLLTE

Die Exoten

Ananas	Beste Größe ca. 1 kg, beste Qualität mit rosa Blättern, lassen sich herausziehen bei reifen Früchten
Banane	Sehr kalorienhaltig, Stärkegehalt bei unreifen Früchten bis zu 20%, stets ganz zum Schluß zum Obstsalat geben
Granatapfel	Schale für medizinische Produkte und Farbstoff; für Grenadine-Sirup, nicht zum Rohverzehr
Kaki	Tomatenähnliches Aussehen, viele Kerne, für Süßspeisen; Italien
Kapstachelbeere	Sehr sauer, hoher Vitamin-E-Gehalt, Gelee, für Kompott, Schale abziehen

Kiwi	Stachelbeerähnlich, anpassendes Aroma; Israel, Neuseeland	*Pfirsich*	Deutscher Weinbergpfirsich, sehr saftig (er wird immer seltener wegen des Imports) – Kompott, Belegfrucht, Bowle
Lychee	Pflaumengroße Frucht von weiß-rosa-Farbe; Asien	*Nektarine*	Glatte Haut – Kreuzung mit Pfirsich
Mango	Kalt servieren – Steine entfernen – gelbes Fruchtfleisch – mit Schinken, Bündnerfleisch, für Marmelade, Gelee und Kuchen; Asien, Südamerika	*Pflaume*	Durch Kreuzung fast kein Unterschied zur Zwetschge. Die Pflaume ist rund und größer – die Spätzwetschge zum Einmachen. Beim Kochen gut zuckern, da sie dadurch ihre Säure verliert (Bühler Spätzwetschge)
Maulbeere	(Scheinfrucht) wie Brombeere, süß im Geschmack, kaum Säure, Sirup, Marmelade, längliche Brombeere	*Mirabelle*	(Reneklode, auch Reineclaude und Ringlotte) pflaumenartig, gelb, sehr pektinhaltig; die Reneklode ist größer, etwas grünlich
Papaya	Enthält Papain – eiweißverdauen des Enzym (in »Weichmachern« enthalten), viel Samenkerne		
Avocado	Wenig Geschmack, Marinieren erforderlich (20% Fett, 2% Eiweiß, viel Vitamin C)		

Beerenobst

Beerenobst ist sehr schnell verderblich, zum schnellen Genuß bestimmt, nicht lagerfähig, da hoher Traubenzuckeranteil

Kernobst

Apfel	Gravensteiner, James Grives, Cox Orange, Jonathan, Golden Delicious, Boskop, Winterglockenapfel, Champagner-Renette	*Erdbeere*	Anbaugebiete sind vor allem Bergstraße, Kaiserstuhl, Mittelbaden; Ananaserdbeeren sind die besten. Walderdbeeren sind nicht kultivierbar
Birne	Frühe von Trevoux, Williams Christ, Clapps Liebling, Gellert Butterbirne, Conference, Alexander Lucas, Gräfin von Paris; Birnen sind nicht so lange haltbar wie Äpfel, haben weniger Nährstoffe, jedoch überwiegend schmelzendes Fruchtfleisch	*Johannisbeere*	Gartenmäßiger Anbau (schwarz – rot); schwarze Johannisbeeren haben einen höheren Nährwert und sind geschmackvoller, hoher Vitamin-C-Gehalt, herbe Süße
		Stachelbeere	Gartenmäßiger Anbau, für Kompott oder Gelee unreife Beeren verwenden

Steinobst

Kirsche	Süßkirschen (Frühkirschen) zum Konservieren, Sauerkirschen (Schattenmorellen) zum Eindünsten	*Himbeere*	Gartenmäßiger Anbau, Waldhimbeeren sind besser, mildes Aroma
		Brombeere	Gut zum Marinieren mit Kirschwasser
Aprikose	(Marille) – verwandt mit Pfirsich, für die Verwendung in der Küche Haut abziehen, saftig, säuerlich	*Heidelbeere*	(Blaubeere) fast ausschließlich wildwachsend, für Kuchen, Marmelade, Wein, Schnaps

Preiselbeere	Roh ungenießbar – durch Kochen erhalten Preiselbeeren ihren charakteristischen Geschmack (Wild, Ochsenbrust)
Traube	Älteste kultivierte Beere – Fruchtzucker, Traubenzucker, Minerale, Eiweiß, Gerbstoffe

Nüsse und Rosinen

Walnuß	Entfernen der Samenschale durch Abbrühen – Farberhaltung durch Ziehenlassen in Milch
Haselnuß	Am besten frisch verwenden – Schälen durch Rösten
Mandel	Bittermandeln, Süßmandeln, Krachmandeln (Bittermandeln können bei 4 – 6 Stück tödlich sein) – durch Brühen schälen. Ältere Mandeln haben einen seifigen Geschmack
Pistazie	Schälen durch Brühen
Kastanie	Maronen (Kaiserstuhl, Ortenau) – Schale entfernen – heller Karamel, keine Glace verwenden – Karamel kochen, Maronen hinzufügen, ablöschen mit Brühe
Rosine	Große, fleischige Beeren mit Kernen aus der Malagatraube. In Griechenland: Elemerosinen
Korinthe	Kleine, schwarze, kernlose Beeren einer bestimmten Traubenart aus Griechenland
Sultanine	Hellschalig, kernlos aus der Sultanastraube (großbeerig, saftig, fleischig)

Anhang

Glossar

Ablöschen
Flüssigkeit an Gebratenes (Gemüse, Fleisch, Fisch) gießen

Abschäumen
Nach dem Aufkochen entstandenen Eiweißschaum (Fisch-, Fleisch-, Geflügelbrühe) mit dem Schaumlöffel abnehmen

Al dente
Knackig garen, so daß noch ein bißfester Kern bleibt (Nudeln, Reis oder Gemüse)

Amuse gueule
Gaumenkitzler, Häppchen, die zum Apéritif gereicht werden

Ausbrechen
Den Panzer von Schalentieren lösen

Balsamico
Alter italienischer Essig aus Traubenmost

Batonettes
Stäbchen, Schneideart

Beizen
Fleisch etc. in eine würzige Flüssigkeit einlegen (auch marinieren), um es zarter bzw. geschmackvoller zu machen

Binden
Sauce durch Eigelb, Mehl, Speisestärke, Sahne oder → Crème double sämig machen (legieren)

Bisque
Konzentrat aus Hummer oder Krebsen, auch Suppe

Blanchieren
Mit kochendem Wasser überbrühen und eiskalt abschrecken

Bouquet garni
Suppengrün-Sträußchen mit Kräutern

Braisieren
Schmoren

Brunoise
Gedünstete Würfelchen von Wurzelgemüse (Lauch, Möhre, Sellerie)

Concassée
Kleingewürfeltes (Tomate, Gurke, Schinken etc.)

Confit
Eingekochtes Gemüse, Fleisch, Geflügel

Consommé
Klare Brühe von Wild, Fisch, Fleisch, Geflügel

Crème double
Saure, fetthaltige Sahne (30–40% Fettgehalt)

Dashi
Asiatisches Gewürz (auf Thunfischbasis), in Asienläden erhältlich

Degraissieren
→ Entfetten

Dressiersack
Spritzbeutel mit diversen Vorsätzen

Entfetten
Die Fettschicht nach dem Braten oder Kochen von Fleisch oder Geflügel auf der Sauce nach dem Erkalten abnehmen

Farce
Fleisch-, Fisch- oder Geflügelmasse, im Fleischwolf zerkleinert und abgeschmeckt

Flageolets
Kleine Bohnen, frisch oder getrocknet

Foie gras (du canard, d'oie)
Leber von besonders gemästeten Gänsen und Enten

Fond
Grundsauce von Fleisch, Fisch und Geflügel als Saucenbasis

Fumet
Geschmacksauszug, Essenz

Garnitur
Verzierung, Dekoration

Glace (de viande)
Ungesalzener konzentrierter, gelierender Fleisch- oder Fischfond

Gratinieren
Überbacken im Backofen oder unter dem Grill

Julienne
Sehr feine, gleichmäßig geschnittene Streifen (von Gemüse, Fleisch etc.)

Jus
Gelierender Bratensaft, ungebunden

Karkasse
Gerippe von Geflügel, Kaninchen, Lamm

Kasserolle
Breiter, flacher Schmortopf mit Deckel

Klären
Brühe durch Aufkochen mit durchgedrehtem → Klärfleisch (Bauchfleisch, Schenkel und Wade) klar machen

Klärfleisch
Fleischstückchen, die zusammen mit Eiweiß zum → Klären von Brühen verwendet werden

Köcheln
Bei schwacher Hitze garen

Koriandergrün
Chinesische Petersilie (in Asienläden erhältlich)

Marinade
Gewürzte Flüssigkeit zum Einlegen von Fleisch, Geflügel und Fisch

Mehlieren
In Mehl wenden

Mesclin/Mesclun
Schon gemischter Blattsalat

Mirepoix
Kleingewürfeltes Röstgemüse von Möhren, Sellerie und Zwiebeln

Weißes Mirepoix
ohne Möhren

Mirin
Süßer Reiswein (in Asienläden erhältlich)

Miso
Fermentierte, japanische Soja-Würzpaste

Mousse
Schaumartige Masse

Mu-Err-Pilze
Wolkenohrenpilze

Nage (à la nage)
Eingekochter Sud für Fische und Krustentiere

Nappieren
Das Überziehen mit Sauce

Navarin
Ragout vom Lamm

Noilly Prat
Französischer Wermut, zum Kochen gut geeignet

Pappardelle
Nudelform, kurze, breite Bandnudeln

Parfümieren
Durch Zugabe von Alkohol dem Gericht Geschmack geben

Parieren
Fleisch oder Fisch von Häutchen und Sehnen bzw. Gräten befreien und in Stücke schneiden

Passieren
Weichgekochtes durch ein Sieb streichen oder durch ein Tuch seihen

Peccorino
Schafskäse mit wenig Fett aus Sardinien und der Toskana

Pfeilwurzelmehl (Arrow-root)
Stärke aus gemahlenen tropischen Knollen oder Wurzeln zum Binden von Flüssigkeit (in Reformhäusern erhältlich)

Pflaumensauce
Dicke Sauce (in Asienläden erhältlich)

Pimiento
Glänzend rote, milde und süßliche Paprikaschote, vor allem in Spanien angebaut

Plattieren
Flachschneiden, flachdrücken

Pochieren
Unter dem Siedepunkt gar ziehen lassen

Poularde
Masthähnchen und -hühnchen, vor der Geschlechtsreife geschlachtet

Poulet
Brathähnchen

Primeurs
Frühgemüse

Reduktion
Eingekochte, konzentrierte Flüssigkeit

Reduzieren
Einkochen lassen von Flüssigkeit (die Konzentration wird durch Verdampfen stärker)

Sambal Trassi
Asiatische Würzpaste auf Chili-Shrimps-Basis (in Asienläden erhältlich)

Sake
Japanischer Reiswein

Salamander
Starker Grill mit Oberhitze (in der Gastronomie in Gebrauch)

Sansho
Japanischer aromatisierter Chilipfeffer

Sauternes
Französischer Weißwein mit viel Restsüße (Dessertwein)

Sauteuse
Flache Kasserolle mit langem Griff

Sautieren
Rasch anbraten, schwenken

Schafseckpilze
Ähneln den Semmelstoppelpilzen, haben festes Fleisch

Schmoren
Gargut mit wenig Flüssigkeit bei geringer Hitze fertig garen

Seppioline
Kleine Tintenfische, werden im Ganzen verwendet

Shiso-Blätter
Milchsaure Perilla-Blätter, die in Umeboshi-Essig eingelegt sind. Sie sind gut geeignet zum Einschlagen der

verschiedensten Produkte und verleihen einen angenehmen, würzigen Geschmack (in Asienläden erhältlich)

Sojasauce
Extrakt aus fermentierten Sojabohnen (helle – mild, dunkel – intensiver)

Soufflé
Auflauf mit steifgeschlagenem Eiweiß

Tahini
Japanisches Gewürz (in Asien- oder Naturkostläden erhältlich)

Terrine
Pastete, im Wasserbad gegart

Topinambur
Erdartischocke, hellbraune Knolle einer Sonnenblumenart von angenehm nußartigen Geschmack

Tomates concassées
Kleingewürfeltes Fleisch von gehäuteten, entkernten Tomaten

Tomatisieren
Tomatenmark unterrühren

Tournieren
Gemüse auf eine gleichmäßige Form zuschneiden

Tranchieren
Fachgerechtes Aufschneiden von Fisch, Fleisch, Geflügel

Trüffeljus
Saft, der beim Einkochen von Trüffeln gewonnen wird (in Feinkostläden erhältlich)

Velouté
Dicke, gebundene Suppe oder Sauce

Vichyssoise
Kalte Suppe aus Lauch und Kartoffeln

Vinaigrette
Sauce aus Essig, Öl, Salz und Pfeffer (Basissauce für Salate)

Wässern
Einlegen in kaltes Wasser (z.B. Markknochen, Hirn, Bries)

Wan-Tan
Hauchfeiner Nudelteig

Zesten
Schmale Streifen aus der Schale von Zitrusfrüchten

Zwiebel, gespickt
Mit Nelken und Lorbeerblatt besteckt

Alphabetisches Register

A

Aiguillettes von Rehrücken und Rehleber mit getrüffeltem Rosenkohl   110
Apfelkonfitüre mit grünen Tomaten   209
Artischockenböden, gefüllt mit Enoki-Pilzen, in Limettenbutter   192

B

Baramundi-Filet, gegrillt auf Zitronengras, mit Apfel-Chili-Chutney   84
Basilikumnudeln mit Kichererbsen und Gemüse-Allumettes   194
Blanc Manger   150
Blaukrauttee mit Safranravioli   48
Blini   200
Blutorangen-Terrine mit Cassis auf Green-Orange-Spiegel   169
Bodensee-Eglifilets mit Ormeaux im eigenen Nage   83
Bodensee-Lachsforelle und Saibling in Seeigel Royal   75
Bodensee-Saibling-Filet mit Cunzati-Kapern und Artischocke   71
Böhnchensalat mit Steinbutt und Gänseleber in Champagner   18
Boule de Truffes mit gebratenem Spargel und Risoleé-Kartoffeln   176
Brätklößchen   58
Bresse-Taube »aux petits pois« in Morgon mit Lebercrostini   144
Brezeli   202

C

Camargue-Spargel-Terrine mit Langusten   35
Champagner-Cocktail mit Mandarine, Kaviar und Wakame-Algen   167
Champagner-Sangria mit Früchten oder Beeren   165
Champagnersorbet   157
Cocktail von Champagne »Perrier Jouët« mit Basilikum   172
Crème anglaise   148
Crépinettes von Kaninchenrücken mit Kaviar und Kartoffelpüree   107

Christstollen »Waldhorn«   197
Crostini von Taubenleber   23

D

Daurade-Filets Royale mit Sylter Austern in englischem Senf   74

E

Ebereschengelee   210
Ebereschenmarmelade mit Granny Smith und Elsässer Tokajer   208
Entenbrust, luftgetrocknet   23
Entenbrust mit Flageolets und Thaibohne in Yakitori-Sauce   138
Entenfond   223
Entenleber-Terrine mit Cranberries   41
Épices fines   218
Erbsen-Cassoulet mit Seppioline und Milchzicklein-bries   187

F

Figalou mit Mousserons und Artischocke   174
Fischfond   216
Flunder, mild geräuchert, mit glacierten Miso-Äpfeln   24
Früchtebrot »Waldhorn«   198
Früchtesoufflé, exotisch   150
Frühlingssalat mit Bodensee-Saibling   28

G

Galantine von der Bresse-Poularde und Räucherente   10
Gaperon mit Kohlrabistiften   175
Gebeizte Jakobsmuscheln mit Mairitterlingen und Zwiebellauch   42
Gebeizte Kabeljauwürfel auf Dill-Tagliatelle »Grey Poupon«   79
Gedämpfter Waller mit Paprika und Sprossen in Dashi   62
Gefüllter Milchferkelrücken mit Kartoffelpüree und Champagnerkraut   105
Geflügelfarce   220
Geflügelfond   217

Gemüsecreme, getrüffelt, mit Krebsen und Peccorino   53
Gemüserolle mit Mu-Err-Pilzen im Shiso-Blatt   31
Gemüsestrudel   39
Gemüseterrine, vegetarisch, mit Krebsen in Vergelesses   40
Geräucherter Saibling mit Thaibohnen   76
Geschmälzte Kalbsbriesnüßchen in Limettenbrioche mit Tempura von Okra   127
Getrüffelte Gemüsecreme mit Krebsen und Peccorino   53
Glacierte Schalotten auf schwarzem Olivenmus mit Müslicrêpes   191
Glasnudelsalat süßsauer mit frischen Kräutern, Azuki-Bohnen und Tofuwürfeln   186
Grießklößchen   52
Gugelhupf   196

H

Hagebuttenmarmelade   212
Hasenfond   221
Hippenmasse   205
Hirschfilet aus der Buttermilchbeize mit Salade Mesclin   30
Holundermarmelade mit Ananas und Gin   211
Hummergelee   216
Hummersülze »Zeppelin«, kleine   14

I

Ingwerschaumsuppe, saure, mit Krebsen und Spargelspitzen   56

J

Jakobsmuscheln, gebeizt, mit Mairitterlingen und Zwiebellauch   42
Jakobsmuscheln in Dashi mit Kiwi und Tomate   27
Japanische Lack   220

K

Kabeljauwürfel, gebeizt, auf Dill-Tagliatelle »Grey Poupon«   79
Käseterrine von Figalou, Explorateur und Pave blanc   178
Kalbsbriesnüßchen, geschmälzt, in Limettenbrioche mit Tempura von Okra   127
Kalbsbries-Piccata mit Selleriemus und Beurre Hermitage   123
Kalbsfilet mit Ziegenkäse aus der Langhe gefüllt   99
Kalbsfond   218
Kalbshirn »Allgäuer Art« mit Bergkäse und Tomaten   130

Kalbshirnkrusteln mit leichtem Selleriemus in Jurançon   132
Kalbshirn mit Trompetenpfifferlingen und Bärlauch   126
Kalbsnierennüßchen in Feigensenfsauce   128
Kaninchenfond   224
Kaninchenleber mit Artischocke und Enoki in Fleurie-Sahne   124
Kaninchenrücken-Crépinettes mit Kaviar und Kartoffelpüree   107
Kaninchenrücken mit seiner gelackten Leber und roten Nudeln   102
Karpfen mit Anis-Champignons und Kohlrabi   67
Kartoffel-Consommé, klare, mit De-Puy-Linsen und Carpaccio   46
Kartoffeln, gebraten, mit Entenleber   136
Kartoffelsalat   189
Klarapfelmarmelade mit grünem Pfeffer und Vermouth   212
Knisterer   58
Kokosblätter   200
Krebsbisque   219
Krebsfond   219
Krebshälften aus der heißen Gemüsebeize mit Roquette-Salat   72
Krebsnudeln   201
Krebsschwanz-Gratin mit Vongole und gebratenem Spargel   80
Küstenkabeljau in leichter Currysauce mit Ossiotr-Kaviar   82
Kurkuma-Bavaroise mit Blumenkohl und Stockfisch   70
Kuttel-Pot-au-feu im Tomatennage   118

L

Lachsgelee mit Sauce Grelette   16
Lachsschnitzel in Olio extra vergine »Vistarenni«   89
Lachs und Zander mit Wakame-Füllung im Austernnage   32
Langustinen-Sülze auf Brokkoli-Creme mit kleinem Salat   20
Lammfond   226
Lammrücken als Daube mit Rosmarin   96
Lauchconsommé, klare, mit Krebs-Ballotines   54
Limettenmarmelade, klare, mit weißen und roten Johannisbeeren und Grand Marnier   208
Löffelbiskuits   196
Lotte, gefüllt, im eigenen Gelee mit kleinem Salat   11
Lotte-Medaillons im Bambusblatt aus dem weißen Soja-Dampf   86
Luftgetrocknete Entenbrust   23

M

Mandelgebäck 197

Marmorsoufflé, gestürzt, von Lychees und Erdbeeren 152

Milchferkelrücken, gefüllt, mit Kartoffelpüree und Champagnerkraut 105

Morcheln mit grünem Spargel und Kalbshirnnüßchen 116

N

Nougatmousse mit Früchtemelange 154

O

Orangenkuchen, klarer, mit Kumquats und seiner Sauce 168

P

Pastetenmürbteig 201

Perlhuhnbrust mit Mu-Err-Pilzen in chinesischer Sauce 141

Pesto 221

Philoteig 202

Piccata vom Kalbsbries mit Selleriemus und Beurre Hermitage 123

Pomelo-Chutney 213

Pot au feu von Red Croissant und Rascasse mit weißem Trüffelöl 88

Primeurs mit Lammbriesnüßchen und Trauben 115

Pyramide cendre mit Haselnüssen auf weißer Auberginencreme 170

Q

Quarkspätzle 203

Quarkteig 203

R

Ravioliteig 203

Rehfond 225

Rehkitzrücken, rosa pochiert, mit wildem Spargel in Sanshopfeffer 109

Rhabarbermarmelade mit Ingwer und Chartreuse 211

Rhabarbersoufflé 158

Rognonade von Pyrenäen-Kaninchen in Fine Champagne 100

Rôti von Loup de mer im legierten Sherry-Nage mit wildem Spargel 61

Roulade, lauwarme, von Loup de mer und Hummer 90

Rumtopf »spezial« 148

S

Saibling, geräuchert, mit Thaibohnen 76

Saure Ingwerschaumsuppe mit Krebsen und Spargelspitzen 56

Schalotten, glaciert, auf schwarzem Olivenmus mit Müslicrêpes 191

Schaumsuppe von rotem Camargue-Reis mit Ricottaravioli 50

Schmalzteig 204

Schokoladenterrine mit marinierten Erdbeeren 161

Schupfnudeln 204

Schwarzwurzeln mit Ochsenschwanzragout im japanischen Lack 104

Spargelsalat mit Kalbsbriesnüßchen in Sesam 121

Sprossensalat mit weißer Soja und Mirin 182

St. Petersfisch im Kräutermantel mit Maipilzen und Spargelspitzen 66

Steinbutt im Würzsud mit jungem Gemüse und Vongole 64

Steinpilze auf Tagliatelle in Vin Santo 190

Stockfisch mit Salatgurke in Senf-Vinaigrette 32

Stopfgans, eingemacht, mit ihrer Leber und kleinem Gemüsesalat 22

Strudelteig 202

Sumpfgras im Gelee 188

T

Taubenbrüstchen in Reispapier mit Powerade-Artischocken 134

Taubenfond 222

Taubenleber-Crostini 23

Tellersülze mit Gänsestopfleber im Sauternesgelee 36

Tempurateig 204

Tempura von Okra mit schwarzen Bohnen und Briesnüßchen 120

Terrine mit geräuchertem Lachs und Kabeljau mit Daikonkresse 92

Terrine von blonder Entenleber mit Cranberries 41

Terrine von weißem Camargue-Spargel mit Langustinen 35

Tirami su 157

Tomatenkonfitüre, grüne, mit Ingwer 210

Truffes de Chambery 152

V

Vegetarische Gemüseterrine mit Krebsen in Vergelesses 40
Vichyssoise mit Bärenkrebsen und Pfifferlingen 52

W

Wachtelei-Roulade in Gurken-Beurre-blanc mit Kohlrabi und Shiso 184
Wachtelfond 217
Wachtelspieß mit Steinpilzen 146
Walderdbeermarmelade mit Harvey's Bristol Cream, Pernod und Curaçao 209
Waller, gedämpft, mit Paprika und Sprossen in Dashi 62
Wan-Tan-Taschen-Teig 205
Weinschaumsuppe, leichte, mit Traminer Auslese und Lottefilet 47
Weißweinbirne, gefüllt mit Früchteratatouille 162
Wildentenbrust mit Gemüselasagne in Barbera d'Alba 143
Wildfasan-Suprême mit Kalbsbries-Oliven-Füllung 140
Wildhasenrücken mit Schafseckpilzen im Pomelo-Nage 108
Wildschweinnüßchen mit Beaujolaisnudeln und warmer Feige 111

Z

Zander, kleiner, mit Rizzoli-Sardelle in Sambal Trassi 68
Zwetschgenterrine auf Sahnespiegel 168

Sachgruppen-Register

Vorspeisen
Böhnchensalat mit Steinbutt und Gänseleber in Champagner 18
Camargue-Spargel-Terrine mit Langusten 35
Crostini von Taubenleber 23
Entenbrust, luftgetrocknet 23
Entenleber-Terrine mit Cranberries 41
Flunder, mild geräuchert, mit glacierten Miso-Äpfeln 24
Frühlingssalat mit Bodensee-Saibling 28
Galantine von der Bresse-Poularde und Räucherente 10
Gebeizte Jakobsmuscheln mit Mairitterlingen und Zwiebellauch 42
Gemüserolle mit Mu-Err-Pilzen im Shiso-Blatt 31
Gemüsestrudel 39
Gemüseterrine, vegetarisch, mit Krebsen in Vergelesses 40
Hirschfilet aus der Buttermilchbeize mit Salade Mesclin 30
Hummersülze »Zeppelin«, kleine 14
Jakobsmuscheln, gebeizt, mit Mairitterlingen und Zwiebellauch 42
Jakobsmuscheln in Dashi mit Kiwi und Tomate 27
Lachsgelee mit Sauce Grelette 16
Lachs und Zander mit Wakame-Füllung im Austernnage 32
Langustinen-Sülze auf Brokkoli-Creme mit kleinem Salat 20
Lotte, gefüllt, im eigenen Gelee mit kleinem Salat 11
Stockfisch mit Salatgurke in Senf-Vinaigrette 32
Stopfgans, eingemacht, mit ihrer Leber und kleinem Gemüsesalat 22
Taubenleber-Crostini 23
Tellersülze mit Gänsestopfleber im Sauternesgelee 36
Terrine von blonder Entenleber mit Cranberries 41
Terrine von weißem Camargue-Spargel mit Langustinen 35
Vegetarische Gemüseterrine mit Krebsen in Vergelesses 40

Suppen und Suppeneinlagen
Blaukrauttee mit Safranravioli 48
Brätklößchen 58
Gemüsecreme, getrüffelt, mit Krebsen und Peccorino 53
Grießklößchen 52
Ingwerschaumsuppe, saure, mit Krebsen und Spargelspitzen 56
Kartoffel-Consommé, klare, mit De-Puy-Linsen und Carpaccio 46
Knisterer 58
Lauchconsommé, klare, mit Krebs-Ballotines 54
Saure Ingwerschaumsuppe mit Krebsen und Spargelspitzen 56
Schaumsuppe von rotem Camargue-Reis mit Ricottaravioli 50
Vichyssoise mit Bärenkrebsen und Pfifferlingen 52
Weinschaumsuppe, leichte, mit Traminer Auslese und Lottefilet 47

Fisch
Baramundi-Filet, gegrillt auf Zitronengras, mit Apfel-Chili-Chutney 84
Bodensee-Eglifilets mit Ormeaux im eigenen Nage 83
Bodensee-Lachsforelle und Saibling in Seeigel Royale 75
Bodensee-Saibling-Filet mit Cunzati-Kapern und Artischocke 71
Daurrade-Filets Royale mit Sylter Austern in englischem Senf 74
Gebeizte Kabeljauwürfel auf Dill-Tagliatelle »Grey Poupon« 79
Gedämpfter Waller mit Paprika und Sprossen in Dashi 62
Geräucherter Saibling mit Thaibohnen 76
Kabeljauwürfel, gebeizt, auf Dill-Tagliatelle »Grey Poupon« 79
Karpfen mit Anis-Champignons und Kohlrabi 67
Krebshälften aus der heißen Gemüsebeize mit Roquette-Salat 72

Krebsschwanz-Gratin mit Vongole und gebratenem Spargel 80
Küstenkabeljau in leichter Currysauce mit Ossiotr-Kaviar 82
Kurkuma-Bavaroise mit Blumenkohl und Stockfisch 70
Lachsschnitzel in Olio extra vergine »Vistarenni« 89
Lotte-Medaillons im Bambusblatt aus dem weißen Soja-Dampf 86
Pot au feu von Red Croissant und Rascasse mit weißem Trüffelöl 88
Rôti von Loup de mer im legierten Sherry-Nage mit wildem Spargel 61
Roulade, lauwarme, von Loup de mer und Hummer 90
Saibling, geräuchert, mit Thaibohnen 76
St. Petersfisch im Kräutermantel mit Maipilzen und Spargelspitzen 66
Steinbutt im Würzsud mit jungem Gemüse und Vongole 64
Terrine mit geräuchertem Lachs und Kabeljau mit Daikonkresse 92
Waller, gedämpft, mit Paprika und Sprossen in Dashi 62
Zander, kleiner, mit Rizzoli-Sardelle in Sambal Trassi 68

Fleisch und Wild
Aiguilletes von Rehrücken und Rehleber mit getrüffeltem Rosenkohl 110
Crépinettes von Kaninchenrücken mit Kaviar und Kartoffelpüree 107
Gefüllter Milchferkelrücken mit Kartoffelpüree und Champagnerkraut 105
Kalbsfilet mit Ziegenkäse aus der Langhe gefüllt 99
Kaninchenrücken-Crépinettes mit Kaviar und Kartoffelpüree 107
Kaninchenrücken mit seiner gelackten Leber und roten Nudeln 102
Lammrücken als Daube mit Rosmarin 96
Milchferkelrücken, gefüllt, mit Kartoffelpüree und Champagnerkraut 105
Rehkitzrücken, rosa pochiert, mit wildem Spargel in Sanshopfeffer 109
Rognonade von Pyrenäen-Kaninchen in Fine Champagne 100
Schwarzwurzeln mit Ochsenschwanzragout im japanischen Lack 104
Wildhasenrücken mit Schafseckpilzen im Pomelo-Nage 108
Wildschweinnüßchen mit Beaujolaisnudeln und warmer Feige 111

Innereien
Kalbsbriesnüßchen, geschmälzt, in Limettenbrioche mit Tempura von Okra 127
Kalbsbries-Piccata mit Selleriemus und Beurre Hermitage 123
Kalbshirn »Allgäuer Art« mit Bergkäse und Tomaten 130
Kalbshirnkrusteln mit leichtem Selleriemus in Jurançon 132
Kalbshirn mit Trompetenpfifferlingen und Bärlauch 126
Kalbsnierennüßchen in Feigensenfsauce 128
Kaninchenleber mit Artischocke und Enoki in Fleurie-Sahne 124
Kuttel-Pot-au-feu im Tomatennage 118
Morcheln mit grünem Spargel und Kabshirnnüßchen 116
Piccata vom Kalbsbries mit Selleriemus und Beurre Hermitage 123
Primeurs mit Lammbriesnüßchen und Trauben 115
Spargelsalat mit Kalbsbriesnüßchen in Sesam 121
Tempura von Okra mit schwarzen Bohnen und Briesnüßchen 120

Geflügel
Bresse-Taube »aux petits pois« in Morgon mit Lebercrostini 144
Entenbrust mit Flageolets und Thaibohne in Yakitori-Sauce 138
Kartoffeln, gebraten, mit Entenleber 136
Perlhuhnbrust mit Mur-Err-Pilzen in chinesischer Sauce 141
Taubenbrüstchen in Reispapier mit Powerade-Artischocken 134
Wachtelspieß mit Steinpilzen 146
Wildentenbrust mit Gemüselasagne in Barbera d'Alba 143
Wildfasan-Suprême mit Kalbsbries-Oliven-Füllung 140

Süßspeisen, Käsedesserts und Getränke
Blanc Manger 150
Blutorangen-Terrine mit Cassis auf Green-Orange-Spiegel 169
Boule de Truffes mit gebratenem Spargel und Risoleé-Kartoffeln 176
Champagner-Cocktail mit Mandarine, Kaviar und Wakame-Algen 167
Champagner-Sangria mit Früchten oder Beeren 165

Champagnersorbet 157
Cocktail von Champagne »Perrier Jouët« mit
  Basilikum 172
Crème anglaise 148
Figalou mit Mousserons und Artischocke 174
Früchtesoufflé, exotisch 150
Gaperon mit Kohlrabistiften 175
Käseterrine von Figalou, Explorateur und
  Pave blanc 178
Marmorsoufflé, gestürzt, von Lychees und
  Erdbeeren 152
Nougatmousse mit Früchtemelange 154
Orangenkuchen, klarer, mit Kumquats und seiner
  Sauce 168
Pyramide cendre mit Haselnüssen auf weißer
  Auberginencreme 170
Rhabarbersoufflé 158
Rumtopf »spezial« 148
Schokoladenterrine mit marinierten Erdbeeren 161
Tirami su 157
Truffes de Chambery 152
Weißweinbirne, gefüllt mit Früchteratatouille 162
Zwetschgenterrine auf Sahnespiegel 168

Gemüse
Artischockenböden, gefüllt mit Enoki-Pilzen, in
  Limettenbutter 192
Basilikumnudeln mit Kichererbsen und Gemüse-
  Allumettes 194
Erbsen-Cassoulet mit Seppioline und Milchzicklein-
  bries 187
Glacierte Schalotten auf schwarzem Olivenmus mit
  Müslicrêpes 191
Glasnudelsalat süßsauer mit frischen Kräutern,
  Azuki-Bohnen und Tofuwürfeln 186
Kartoffelsalat 190
Schalotten, glaciert, auf schwarzem Olivenmus mit
  Müslicrêpes 191
Sprossensalat mit weißer Soja und Mirin 182
Steinpilze auf Tagliatelle in Vin Santo 190
Sumpfgras im Gelee 188
Wachtelei-Roulade in Gurken-Beurre-blanc mit
  Kohlrabi und Shiso 184

Gebäcke und Teige
Blini 220
Brezeli 202
Christstollen »Waldhorn« 197
Früchtebrot »Waldhorn« 198
Gugelhupf 196

Hippenmasse 205
Kokosblätter 200
Krebsnudeln 201
Löffelbiskuits 196
Mandelgebäck 197
Pastetenmürbeteig 201
Philoteig 202
Quarkspätzle 203
Quarkteig 203
Ravioliteig 203
Schmalzteig 204
Schupfnudeln 204
Strudelteig 202
Tempurateig 204
Wan-Tan-Taschen-Teig 205

Marmeladen und Chutneys
Apfelkonfitüre mit grünen Tomaten 209
Ebereschengelee 210
Ebereschenmarmelade mit Granny Smith und
  Elsässer Tokajer 208
Hagebuttenmarmelade 212
Holundermarmelade mit Ananas und Gin 211
Klarapfelmarmelade mit grünem Pfeffer und
  Vermouth 212
Limettenmarmelade, klare, mit weißen und roten
  Johannisbeeren und Grand Marnier 208
Pomelo-Chutney 213
Rhabarbermarmelade mit Ingwer und
  Chartreuse 211
Tomatenkonfitüre, grüne, mit Ingwer 210
Walderdbeermarmelade mit Harvey's Bristol Cream,
  Pernod und Curaçao 209

Fonds und Saucen
Entenfond 223
Épices fines 218
Fischfond 216
Geflügelfarce 220
Geflügelfond 217
Hasenfond 221
Hummergelee 216
Japanischer Lack 220
Kalbsfond 218
Kaninchenfond 224
Krebsbisque 219
Krebsfond 219
Lammfond 226
Pesto 221
Rehfond 225
Taubenfond 222
Wachtelfond 217

COLLECTION ROLF HEYNE

Schöne Bücher zum Schmökern, Nachkochen und Verschenken

Rotraud Degner
PASTA! PASTA!! PASTA!!!
Die besten Nudelgerichte Italiens in 200 Rezepten
Fotografiert von C. P. Fischer, Fotodesign
224 Seiten, 60 Farbfotos
Leinen mit Schutzumschlag und Schuber

Rotraud Degner widmet sich in diesem nobel ausgestatteten Band einem scheinbar einfachen, aber immer wieder reizvollen Gebiet der Kochkunst: der Pasta. Eine Komposition schöner Farbfotos, ungewöhnliche Informationen über südliche Küchengeheimnisse und delikate Pasta-Rezepte.

*

Alessandra Avallone
INSALATE
Salate auf italienisch
144 Seiten, durchgehend vierfarbig

Alessandra Avallone stellt hier die vielfältigsten und nuancenreichsten Salatideen der italienischen Küche in einem liebevoll arrangierten Potpourri vor. Ein schönes Buch für gesundheitsbewußte Feinschmecker.

*

Agnes Amberg
SÜSSES AUS DER KÜCHE
Neue und klassische Desserts
Süß-Speisen und Gebäck
Für Anfänger und Profis
120 Rezepte der Meisterklasse mit 32 Farbtafeln
268 Seiten, Leinen mit Schutzumschlag und Schuber

Agnes Amberg ist als herausragende Spitzenköchin weit über die Grenzen der Schweiz bekannt. Als Chefin ihres Züricher Feinschmecker-Restaurants beweist sie unermüdlich ihre Kreativität und ihr hohes Können. Hier verrät sie ihre Lieblingsrezepte für Desserts. Es sind außergewöhnliche Kreationen, einfallsreich und vielseitig, leicht nachzukochen für Hobbyköche und Profis.

*

WILHELM HEYNE VERLAG MÜNCHEN

Drei große deutsche Köche – Drei große Bücher

Eckart Witzigmann
KULINARISCHE KREATIONEN
Ausgewählte Rezepte von Deutschlands erstem Drei-Sterne-Koch
Mit Farbfotos von Johann Willsberger

224 Seiten, 54 farbige Abbildungen
Leinen mit Schutzumschlag und Schuber

Deutschlands erster Drei-Sterne-Koch hat seine raffiniertesten,
phantasiereichsten Rezepte hier so ausführlich und klar präsentiert, daß sie auch zu Hause
nachgekocht werden können. Die ebenso informative wie elegante
bildliche Gestaltung macht Eckart Witzigmanns großes Kochbuch selbst zu einer wahrhaft
kulinarischen Kreation.

*

Heinz Winkler
DIE GROSSE KÜCHE UND IHRE KLEINEN GEHEIMNISSE
160 Rezepte zum Nachkochen
Fotografiert von Reinhart Wolf

280 Seiten, 60 farbige Abbildungen
Leinen mit Schutzumschlag und Schuber

Dieses außergewöhnliche Buch zeigt Beispiele aus der Großen Küche,
die ein Meister wie Heinz Winkler in Perfektion praktiziert. Seine hochrangigen Gerichte kann
man jedoch nicht nur in Winklers Münchner Restaurant »Tantris« genießen,
es ist gar nicht so schwer, sie auch am eigenen Herd zu versuchen. Das zeigt der Autor hier
anhand zahlreicher Rezeptbeispiele, viele meisterhaft fotografiert von Reinhart Wolf.

*

DAS DIETER-MÜLLER-KOCHBUCH
Feine Küche leichtgemacht
180 Rezepte aus den Schweizer Stuben in Wertheim
Fotografiert von Bruno Hausch
Mit einem Vorwort von Wolfram Siebeck

296 Seiten, 62 farbige Abbildungen
Leinen mit Schutzumschlag und Schuber

Dieter Müller zählt zu den großen deutschen Köchen von internationalem Rang.
Hier lüftet er zum ersten Mal die kulinarischen Geheimnisse seiner Kreationen:
Das Dieter-Müller-Kochbuch – für alle Connaisseurs und ambitionierten Hobbyköche in
einem Kochbuch der Sonderklasse präsentiert.

*

WILHELM HEYNE VERLAG MÜNCHEN